Franz-Adolf Kleinrahm • Familie leben

Franz-Adolf Kleinrahm

Familie LEBEN
Die Ehe neu entdecken

:STYRIA

Die Deutsche Bibliothek – CIP-Einheitsaufnahme
Kleinrahm, Franz-Adolf:
Familie leben : die Ehe neu entdecken /
Franz-Adolf Kleinrahm. –
Graz ; Wien ; Köln : Verl. Styria, 2002
ISBN 3-222-12983-5

Kontakt zum Autor:
Franz-Adolf Kleinrahm, Diakon
Heiligenbrunn
D-84098 Hohenthann
Telefon: 0049/87 84-278
Fax: 0049/87 84-771
E-Mail: Kleinrahm@FamilienMitChristus.de
Hompage: www.FamilienMitChristus.de

© 2002 Verlag Styria Graz Wien Köln
www.verlagstyria.com
Alle Rechte vorbehalten.
Kein Teil des Werkes darf in irgendeiner Form
(durch Fotografie, Mikrofilm oder ein anderes Verfahren)
ohne schriftliche Genehmigung des Verlages reproduziert
oder unter Verwendung elektronischer Systeme verarbeitet,
vervielfältigt oder verbreitet werden.
Layout und Umbruch: Helmut Lenhart, Graz.
Umschlaggestaltung: Andrea Malek, Graz.
Druck und Bindung: Druckerei Theiss GmbH, A-9431 St. Stefan
ISBN 3-222-12983-5

Inhalt

Vorwort von Kardinal Sterzinsky ... 7

1. **Biblische Annäherung**
   „Ich will zart sein mit dir" ... 10
   Gott ist Beziehung: Dreifaltigkeit und Ehe ... 12
   Christliche Familie: Eine Ikonenbetrachtung ... 14

2. **Aspekte gelingender Ehe**
   Wie auf christliche Ehe vorbereiten? ... 18
   Trauungssegen ... 24
   Ehe-Abend: Miteinander sprechen ... 33
   Du bist Geschenk Gottes an mich: Zur ehelichen Sexualität ... 36
   Ehegruppen in der Gemeinde ... 40
   Familienleben ordnen: Geistliche Hilfen in Gemeinschaft ... 42

3. **Gelingendes Familienleben**
   Wie segne ich meine Kinder? ... 48
   Christliche Familienkultur ... 51
   Eltern als Glaubenstrainer: Der neue Weg
      christlicher Erziehung – Bericht aus der Elternschule ... 60
   Im Lande Jesu als Familie: Eine Pilgerreise ... 70
   Der sichere Rahmen meines Lebens: Eine Symbolpredigt ... 72
   Familie unter dem Kreuz leben: Eine Bildbetrachtung ... 76

4. **Pastorale Hilfen aus geistlichen Familientagen**
   Gesucht: Heilige Ehepaare ... 80
   Wachsen in der Berufung ... 92

Eheseminare mit Kindern als „Familienwerkstatt":
Bericht über geistliche Tage für Familien ... 94
Segnungsgottesdienst mit Erneuerung des Eheversprechens ... 103
Damit unsere Ehe schöner werde: Eine Übersicht
ehespiritueller Kurse ... 112
Onesimus: Kinder- und Jugendprogramm
bei Familienwochenenden und Familienwochen ... 117
Betende Vorbereitung: Für Mitarbeiter
eines Exerzitienkurses ... 127

5. Zwei Kurzgeschichten
Brautfahrt ins Schweigenland ... 140
Die Entscheidung: Ein Gespräch mit dem Tod ... 143

6. Erfahrungsberichte
Dank an Gott: Auszüge aus Briefen von Teilnehmern
an ehespirituellen Kursen ... 148
Im Blaumann meines Vaters: Meditationen bei einer
Ora-et-labora-Woche ... 157
Gott schenkt Gaben ... 161
Gott in unserem Ehebund ... 163
Unser behindertes Kind annehmen ... 166
So verschieden und doch gemeinsam im Dienst ... 170
Brautpaare individuell begleiten ... 173
Ein Paar wächst gemeinsam ... 179
Als Christ in der Politik ... 183
Berufen zum Dienst an Familien ... 189

Anmerkungen ... 197
Quellenhinweise ... 200

Vorwort

Dieses Buch ist Zeugnis eines gemeinsamen Weges. Die geistliche Gemeinschaft „Familien mit Christus" gibt Auskunft, wie sie Ehe und Familie lebt und gestaltet. Sie zeigt, wie ein Leben aus den Sakramenten, nicht zuletzt aus dem Sakrament der Ehe, zur Quelle der Kraft für Ehealltag und Familienalltag werden kann.

Das Buch verbindet Betrachtungen zur Spiritualität von Ehe und Familie mit Erfahrungsberichten und gibt Hinweise auf pastorale Hilfen der Gemeinschaft. Hierin liegt das Besondere dieses Buches.

An klugen Analysen zu Ehe und Familie und an guten Hinführungen, wie heute Ehe und Familie christlich verstanden und gelebt werden können, ist ja kein Mangel. Wichtig ist aber auch das konkrete Zeugnis, wie ein solches Leben gelingen kann. Das Buch gibt Auskunft, wie der Glaube die Beziehung der Eheleute, das Leben mit den Kindern, die Einstellung zu materiellen Gütern und den Umgang mit Zeit und Raum verändernd durchdringt: Die Zeit füreinander und miteinander ist verbunden mit Zeit auch für Gott und das gemeinsame Gebet; der Raum der Familie wird geöffnet auf die geistliche und kirchliche Gemeinschaft und auf die Gesellschaft hin.

Vieles von dem, was hier dargestellt wird, findet sich im Leben christlicher Familien, ohne dass diese einer bestimmten geistlichen Gemeinschaft angehören. Vieles davon findet sich auch bei anderen Gemeinschaften, die um eine Vertiefung ehelicher Spiritualität bemüht sind. Darauf wird hingewiesen. Im geistlichen Leben gibt es keine Exklusivansprüche. Nicht jede Familie wird alles genau so ins eigene Leben übernehmen. Gleichwohl ist das Buch ein beherzigenswertes Zeugnis: Wie aus einem christlichen Verständnis von Ehe und Familie – manchmal sperrig, alternativ und gegen den Strom gängiger Plausibilitäten – Bausteine einer christlichen Familienkultur erwachsen, die trägt, die befreit und die wir gerade heute dringend benötigen. Darüber spricht dieses Buch, dazu will es hinführen, dazu macht es Mut.

Als Bischof, der zugleich Vorsitzender der Kommission für Ehe und Familie der Deutschen Bischofskonferenz und von der Pastoralkommission Beauftragter für die neuen geistlichen Bewegungen und Gemeinschaften ist, wünsche ich dem Buch viele Leser: Ehen und Familien, Gruppen und Gemeinschaften, die seine Impulse auf ihre Weise in ihrer Lebenswirklichkeit aufgreifen.

Georg Kardinal Sterzinsky, Berlin

1
Biblische Annäherung

„Ich will zart sein mit dir"

Wie wird die Heilige Schrift für uns Ehepaare lebendig? Wie wird unsere Ehe durch das Lesen der Bibel bereichert?
Es tut gut, biblische Texte unter dem parteilichen Blickwinkel als Verheirateter zu lesen. Wir dürfen mit den Fragen unserer Lebenswirklichkeit als Ehefrau bzw. Ehemann vor Gott treten und erwarten, dass Er in unser Leben spricht.
Hier eine kleine Auswahl. Vielleicht mundet sie und macht darüber hinaus Appetit auf mehr vom Wort Gottes?
Das Buch *Kohelet* gibt realistische Ratschläge: „Zwei sind besser als einer allein. Wenn sie hinfallen, richtet einer den anderen auf. Wenn zwei zusammen schlafen, wärmt einer den anderen. Zwei sind einem Angreifer gewachsen, und eine dreifache Schnur reißt nicht so schnell" (4,9–12). Heute dürfen wir von der dreifachen Schnur sprechen, wenn wir die Ehe von zwei Christenmenschen als „Bund" mit Jesus Christus bezeichnen.
Im Buch *Tobit* ist uns eine Eheanbahnungsgeschichte überliefert: Tobias findet unter Geleit des Engels Rafael Sara, ein Mädchen, das bereits verheiratet war mit sieben Männern, die aber alle in der Hochzeitsnacht gestorben sind. Der Begleiter sagt dem Bräutigam: „Hab keine Angst; das Mädchen ist schon immer für dich bestimmt gewesen. Du wirst sie aus ihrer Not befreien; sie wird mit dir ziehen und dir gewiss Kinder schenken" (6,18). In der wegen der Vorgeschichte für die ganze Sippe dramatischen Hochzeitsnacht betet Tobias: „Darum, Herr, nehme ich diese meine Schwester auch nicht aus reiner Lust zur Frau, sondern aus wahrer Liebe. Hab Erbarmen mit mir, und lass mich gemeinsam mit ihr ein hohes Alter erreichen." Und sie sagte zusammen mit ihm: „Amen" (8,7).
Erwarten wir für unsere heranwachsenden Kinder, so sie in der Ehe

und nicht in der Ehelosigkeit glücklich werden sollen, dass Gott den Partner, die Partnerin bereithält? Beten wir als Eltern für sie um einen Engel und um Bewahrung beider, bis sie eins werden?

Bei *Mose* ist uns israelisches Recht, das die junge Ehe besonders schützt, überliefert: Der neuvermählte Mann „darf ein Jahr lang frei von Verpflichtungen zu Hause bleiben und die Frau, die er geheiratet hat, erfreuen" (Dtn 24,5). Nehmen wir dies als Ermutigung für die eigene Ehe, uns Auszeiten vom Alltag zu gönnen: Ehe-Verwöhn-Wochenenden, Ehepaarexerzitien, Familienerholungen mit geistlichem Programm.

„Vor allem aber liebt einander, denn die Liebe ist das Band, das alles zusammenhält und vollkommen macht" (Kol 3,14). Wir dürfen miteinander in geisterfüllter Beziehung leben, denn „die Liebe Gottes ist ausgegossen in unsere Herzen durch den heiligen Geist, der uns gegeben ist" (Röm 5,5). Und die Aufforderung Jesu im Abendmahlssaal nach der Fußwaschung gilt gewiss auch uns, die wir in der Ehe eine besondere Dichte leben und uns wahrlich die Nächsten sind: „Ein neues Gebot gebe ich euch: Liebt einander! Wie ich euch geliebt habe, so sollt auch ihr einander lieben" (Joh 13,34).

Wir dürfen in der Ehe den Partner annehmen als Gabe. „Du bist Gabe Gottes an mich – Du bist ein Brief Christi" (vgl. 2 Kor 3,3). Als Jüngerin und Jünger Christi ist uns etwas ins Herz geschrieben, die Liebe Gottes; wir haben einen Absender, sind Boten des einen Vaters. Die Ordnung des Miteinanders in der Familie steht unter diesen Vorzeichen.

Dazu der *Epheserbrief*: „Ihr Männer, liebt eure Frauen, wie Christus die Kirche geliebt und sich für sie hingegeben hat." Lieben wir Männer unsere Ehefrauen, unsere Familie nach dem Maße Christi, bis aufs Blut? Wenn ja, dann dürfen wir auch die Zusage für uns in Anspruch nehmen: „Wer seine Frau liebt, liebt sich selbst." Die Aufforderung „die Frau aber ehre den Mann" fällt dann den Frauen in solcher Beziehung leichter (vgl. Eph 5,25.28.33).

Die Aufforderung zur Treue mag uns Männern eine warmherzige Einladung sein, wenn wir sie folgendermaßen lesen dürfen: „Trink Wasser

aus deiner eigenen Zisterne, Wasser, das aus deinem Brunnen quillt. Freu dich der Frau deiner Jugendtage, der lieblichen Gazelle, der anmutigen Gemse! Ihre Liebkosung mache dich immerfort trunken, an ihrer Liebe berausch dich immer wieder" (Spr 5,15.18f).
Geht jemandem das gute Wort und die liebende Anrede für den Partner, die Partnerin aus, so lese er, sie im *Hohen Lied* der Liebe: „Mein Geliebter ruht wie ein Beutel mit Myrrhe an meiner Brust. Der Geliebte ist mein, und ich bin sein. Sein Mund ist voll Süße, alles ist Wonne an ihm. – Wer ist, die da erscheint wie das Morgenrot, wie der Mond so schön, strahlend rein wie die Sonne, prächtig wie Himmelsbilder? Wie schön bist du und wie reizend, du Liebe voller Wonnen! Wie eine Palme ist dein Wuchs. – Ich gehöre meinem Geliebten, und ihn verlangt nach mir. Leg mich wie ein Siegel auf dein Herz, wie ein Siegel an deinen Arm." Diese Verse aus dem Alten Testament mögen unser gutes Denken erfrischen und unser Reden zu größerem Liebreiz gewinnen (Hld 1,13; 2,16; 5,16; 6,10; 7,7f.11; 8,6).
Die *Familienbeziehungen* werden von Jesus selber nochmals relativiert: „Wer den Willen Gottes erfüllt, der ist für mich Bruder und Schwester und Mutter" (Mk 3,35) und „Wer Vater oder Mutter mehr liebt als mich, ist meiner nicht würdig" (Mt 10,37). Wir sind und bleiben als Jüngerin und Jünger Christi immer zuerst Abhängige Gottes, geborgen in Seiner Hand und Träger Seiner Verheißung an Jerusalem und die Völker: „Der Herr, dein Gott, ist in deiner Mitte, ein Held, der Rettung bringt. Er freut sich und jubelt über dich; er erneuert seine Liebe zu dir, er jubelt über dich und frohlockt, wie man frohlockt an einem Festtag" (Zef 3,17). Gott frohlockt über die Ehepaare, die ihm vertrauen, die ihr gegenseitiges Vertrauen auf ihn bauen.

Gott ist Beziehung
Dreifaltigkeit und Ehe

Wir feiern Gott als ein „Wir", als Dreifaltigen; im Kirchenjahr besonders am Sonntag nach Pfingsten: Dreifaltigkeitssonntag, Trinitatis. Dieser dreifaltige Gott hat den Menschen geschaffen in der Verschiedenheit von Frau und Mann. Gott war die großartige Idee gekommen, sein „Wir" in die Schöpfung überfließen zu lassen in der Verschiedenartigkeit zweier Geschlechter. Viele leben in einer Partnerschaft, einer Ehe. Leben wir in der Ehebeziehung etwas von der Wesensart Gottes? Es bedarf oft eines Ringens um gelingende Kommunikation, z. B. bemühen wir uns, aus dem „Keller der Kritik" herauszukommen. Bei aller menschlichen Anstrengung um ein gutes Miteinander als Paar machen viele die Erfahrung, dass Offenheit, Ehrlichkeit und herzliches Miteinander letztlich ein Geschenk sind, das Ehepartner gemeinsam von Gott erbitten dürfen. Im Miteinander treuer ehelicher Beziehung spiegelt sich das Wesen dieses menschenfreundlichen Gottes wider.

In Treue, Langmut, Wohlwollen dürfen wir wahrnehmen, dass Gottes Heiliger Geist mit uns ist. Diesem „Familiengeist" Gottes dürfen wir uns öffnen in dem Bemühen umeinander in der Ehe. Ehepaare erahnen beide Seiten des unaussprechlichen Geheimnisses der Trinität: in ihrer Verschiedenartigkeit die Dreifaltigkeit seines Wesens, in treuer, mit den Jahren kräftiger werdenden Einheit die Dreieinigkeit seines Wesens. Christliche Eheleute sind von der Wurzel ihrer Ehe in Gott aufeinander bezogen. Wir dürfen aus Gottes Anruf einander zusagen: „Werde wirgemäß!" und uns gegenseitig helfen, im ehelichen Wir seine Herzenshaltung zu verwirklichen. Gott offenbart sich als mitfühlend, wohlwollend, langmütig, reich an Gunst und Treue. Hat ein Mensch eine solche Herzenshaltung, fällt es uns leicht, diesen zu bejahen. Wir dürfen als Kirche im Kleinen, als Hauskirche, die Zusage des Paulus dankbar entgegennehmen: „Die Gnade des Herrn Jesus Christus und die Liebe Gottes und die Gemeinschaft des heiligen Geistes sei mit euch allen."

Die überfließende Liebe zwischen Gott, dem Vater und dem Sohn äußert sich in einem Dritten, dem Heiligen Geist. Aus der Liebe zwischen Mann und Frau kann als Drittes ein Kind entstehen. Christen dürfen darin (bei aller größeren Unähnlichkeit) eine Entsprechung sehen. Eheleute haben Teil am innergöttlichen Leben. Wir dürfen jetzt schon von innen heraus genießen und glücklich sein. Gott hat es gefallen, seine Wesenszüge hineinzulegen in uns. Wir feiern das Wesen Gottes.

Nehmen wir die Feier des Dreifaltigkeitssonntags als Einladung, uns Gott zu nähern, uns von ihm wandeln zu lassen nach seinem Bild. Als Christen sind wir berufen, uns von Gott anreden und an sein Herz ziehen zu lassen. Wir Menschen sind „Bild Gottes". Als seine Geschöpfe sind wir eingeladen, ihm ähnlich zu werden. Seine Herzenshaltung präge unser Herz und fließe über in unser Handeln.

Paulus verheißt, dass wir in der Freude der Beziehung zu Gott Erneuerung und Vollendung erfahren dürfen. Für uns klingt darin die Hoffnung, dass er am Ende unserer Tage sagen möge wie am Ende der Schöpfung: „Es ist alles gut".

Falls wir bereit sind, dies gedanklich auszuweiten von der Ehe auf das Miteinander in Gruppen unserer Pfarrgemeinde, auf die Kirche, so könnte das unser Leben ändern. Der Apostel sagt uns vom dreifaltigen Gott her zu, dass dieser Gott der Liebe und des Friedens mit uns sein wird, dass Einheit und Frieden in der Gemeinde sein werden. Der Ruf ist eindeutig: Glaube an Jesus Christus und du bist gerettet. Falls wir beim Gottesdienst zum Friedensgruß eingeladen werden, dürfen wir den Frieden aus dem Herzen Gottes wünschen. Dieser Friede übersteigt unsere Fähigkeiten. Dieser Gott meint es wirksam gut mit uns.

Christliche Familie
Eine Ikonenbetrachtung

Die „Heilige Familie" begleitet Sie in Form eines Lesezeichens durch das ganze Buch. Es handelt sich dabei um eine Abbildung der Ikone „Heilige Familie", welche 1996 in traditioneller Technik (Original 50 x 69 cm) für die Hauskapelle des Geistlichen Familienzentrums „Familien mit Christus" in Heiligenbrunn angefertigt wurde. Sie ist aus der Wahrnehmung einer Not entstanden, vielleicht der Not unserer Zeit, dem Zerbrechen der Familien. Gott antwortet auf diese Not, indem er die Erneuerung der Stände „Ehe" und „Ehelosigkeit" uns anbietet und durch seinen Geist voranbringt.

Eine Ikone ist nach dem Verständnis der Ostkirche ein Fenster, durch das der Mensch in den Himmel und der Himmel zum Menschen schauen kann. Das Motiv der vorliegenden Ikone entspricht nicht der strengen orthodoxen Tradition, die die gemeinsame Darstellung von Jesus, Maria und Josef nur bei den zwei Festtagsikonen an Weihnachten und Erscheinung des Herrn kennt. Sie werden hier so dargestellt, wie sie in ihrer je eigenen Art in das Heilsereignis einbezogen sind.

Unsere Ikone zeigt die drei als Familiengemeinschaft mit Jesus als Jugendlichem, der bereits in die jüdische Gemeinde aufgenommen wurde. Er hat eine Thora-Rolle in der Hand und hat die Pflicht übernommen, der Gemeinde aus den Propheten und dem Gesetz vorzutragen. Die Rolle ist kunstvoll zugebunden, so dass das Zeichen für Christus zu erkennen ist: Er selber ist das Wort des Vaters.

Josef ist durch den Stab als Pilger dargestellt. Er zieht gemäß der Tradition der Väter immer wieder nach Jerusalem, um anzubeten. Er hat seinen Arm um Maria gelegt, seine Hand auf ihrer Schulter. Sie sind eins im Geist: So konnte Jesus geboren werden und so geben sie ihn nun frei.

Maria und Josef sind gleich groß: Mann und Frau haben die gleiche Würde vor Gott. Maria legt ihrerseits eine Hand auf Jesu Schulter: Zeichen der zärtlichen Zuwendung in der Familie als Abbild der zärtlichen Zuwendung Gottes zu den Menschen. Mit der anderen Hand weist sie auf ihren Sohn hin: Was er euch sagt, das tut (Joh 2,5). Jesus hebt seine freie Hand zum Segensgestus des byzantinischen Ritus, noch verhalten und nicht in der Klarheit wie bei Ikonen des Auferstandenen. Im Kontext von Familienseelsorge entdecke ich in diesem Bild Hinweise auf einige Bibelstellen: Vater und Mutter verlassen, um seiner Berufung in der Ehe oder Ehelosigkeit zu folgen (vgl. Eph 5,31 und Mk 10,29). „Wer den Willen Gottes erfüllt, der ist für mich Bruder und Schwester und Mutter" (Mk 3,35). „Eine dreifache Schnur reißt nicht so leicht" (Koh 4,12).

Ikonen wollen einen geistlichen, theologischen Inhalt vermitteln, auch durch die Farben. Die erdhafte Farbe der Kleidung des Josef deutet auf die Mühen des Alltags. Das Blau in Marias Obergewand und den Untergewändern aller drei Personen ist Symbol für den Glauben. Der

Sohn ist in Gold gekleidet, Ausdruck seines göttlichen Wesens, Andeutung der in ihm noch verborgenen und doch schon geoffenbarten Herrlichkeit Gottes. Er ist Abglanz des ewigen Vaters. Die Diakonenstola erweist Jesus als Knecht Gottes (Jes 42, 1-9). Die Kreuze auf Marias Gewand werden als Symbol der Jungfräulichkeit gedeutet. Die Inschriften sind „Maria Mutter Gottes", „Jesus Christus", „Heiliger Josef" und im Kreuz der Gloriole „der ewig Seiende". Die drei Heiligenscheine berühren sich: ein Hinweis auf die Dreifaltigkeit.

Im Gesichtsausdruck der Personen spiegelt sich die Gegenwart des Geistes Gottes wider. Maria sagt in ihrem Blick, dass sie im Herzen bewahrt, was Gabriel verkündete und Simeon prophezeite (Lk 1,26 und 2,19). Der Blick Josefs erweist ihn als Gerechten, als Mann des Glaubens und der Tat, der aufbricht, um zu tun, was Jahwe ihm aufträgt.

Die Ikone „Heilige Familie" ist durch ihre geistliche Aussage eine Einladung zum Glaubensweg. Der Betrachter und Beter wird eingeladen, wie die Heilige Familie in der Hingabe an den Willen des Vaters zu wachsen und zu reifen. Die Heilige Familie ist Keimzelle des neuen Volkes, der Kirche. Zugleich ist sie Vorbild dessen, wozu jede Familie zu werden berufen ist. Die Ikone deutet die Spiritualität der Gemeinschaft „Familien mit Christus": um das Wort des Vaters als Mitte versammelt und in Herzlichkeit einander zugewandt jedem die Freiheit eröffnen, die persönliche Berufung zu leben, und aus der Ermutigung des Miteinanders für andere dasein.

Abrunden möchte ich diese Anregung für ein Gespräch in der Ehe und im Ehepaarhauskreis o. Ä. mit dem Tagesgebet vom Fest der Heiligen Familie: „Herr, unser Gott, in der Heiligen Familie hast du uns ein leuchtendes Vorbild geschenkt. Gib unseren Familien die Gnade, dass auch sie in Frömmigkeit und Eintracht leben und einander in der Liebe verbunden bleiben. Führe uns alle zur ewigen Gemeinschaft in deinem Vaterhaus."

(Die Ikone kann als Postkarte und als Faltkarte mit Erläuterung bezogen werden bei „Familien mit Christus", Geistliches Familienzentrum – Katholische Gemeinschaft, Heiligenbrunn, D-84098 Hohenthann; Tel.: 0049/87 84 – 278, Fax: 0049/ 8784 – 771, E-Mail: info@FamilienMitChristus.de)

2
Aspekte gelingender Ehe

Wie auf christliche Ehe vorbereiten?

Ich heirate sie, weil ich sie liebe. Diese Aussage vor der Eheschließung ist, was eine psychologische Untersuchung herausbrachte, nur für drei Prozent der zur Ehe Entschlossenen gültig. 97 Prozent heiraten, weil sie geliebt werden wollen und meinen, dass eben dieser Mensch dies leisten könne. Eine immense Erwartung lastet auf den Partnern, nämlich den anderen glücklich machen zu müssen. Eine Überforderung, die bereits im dritten bis fünften Ehejahr zu einer ersten Scheidungsspitze führt.

Schon lange ist für Brautleute der Halt der Umgebung schwächer geworden und mancherorts ganz weggefallen: Verwandtschaft, Siedlungseinheit, Wirtschaftsgruppe, politische Ordnung. Um so größer ist die Möglichkeit, aus persönlicher, freier Entscheidung heraus, sich einem anderen „anzuhangen". Die biblische Reihenfolge „Vater und Mutter verlassen, sich an einen Partner binden, ein Fleisch sein" (vgl. Mt 19,5; Gen 2,24) wird heute meist umgekehrt gelebt.

Eine Umfrage der Bundeszentrale für gesundheitliche Aufklärung (Köln, 1996) belegt, dass viele Reifungsstufen zu einer ganzheitlichen Partnerschaft übersprungen werden: bei den 17-Jährigen haben bereits über 60 Prozent Koituserfahrung; und 72 Prozent der Eltern von 14–17-jährigen Mädchen haben nichts dagegen, wenn ihre Tochter Sex hat. Andererseits lag das durchschnittliche Heiratsalter Lediger 1999 bundesweit bei Männern bei 31,0 und bei Frauen bei 28,3 Jahren. Immer mehr Eheleute verzichten auf Kinder, weil die damit verbundenen finanziellen Belastungen zu hoch sind (laut Bundesfamilienministerium pro Kind und Lebensjahr mehr als € 4100,–).

„Je mehr es durch die Umwelt erschwert wird, die Wahrheit über das christliche Sakrament, ja über die Ehe selbst zu erfassen, desto größere Bemühungen sind notwendig, um die Brautleute auf ihre Verantwortung angemessen vorzubereiten." Dieses Wort von Papst Johannes

Paul II. stammt aus dem vom Päpstlichen Rat für die Familie 1996 herausgegebenen Dokument zur Ehevorbereitung[1]. Die nachfolgend im Text genannten Nummern beziehen sich auf diese Orientierungshilfe, die für die Bischofskonferenzen verfasst wurde (Nr. 3). Diese Hilfe hat sich die Beiträge vieler Apostolischer Bewegungen, Gruppen und Vereinigungen, die in der Familienpastoral zusammenarbeiten, zunutze gemacht. Ich beziehe sie in die Darstellung meiner eigenen Erfahrungen in der Ehevorbereitung ein.

Christliche Familie: Frucht einer Jüngerschule
Die Ehevorbereitung in unserem Land entspricht kaum den Notwendigkeiten zur Vorbereitung gelingender Ehe. Das beweisen die Scheidungsstatistiken. Der kirchliche Beitrag dazu mit meist einem Tag, Brautleutetag, ist äußerst gering. In der Eheseelsorge sehen wir allzu oft, wie sehr in der Ehe gerungen wird um Verhaltensweisen und Haltungen, die bereits im Vorfeld hätten beachtet werden sollen. Das Menschsein leidet. Es sind auch psychologische und/oder affektive Mängel, z. B. die Unfähigkeit, sich auf andere hin zu öffnen, sowie die Formen von Egoismus, die die Fähigkeit zur Ganzhingabe verhindern können. Die Verantwortlichen werden ermutigt, sich um eine gründliche Gewissensbildung der Verlobten zu sorgen, damit diese auf die freie und endgültige Entscheidung zur Ehe vorbereitet sind (vgl. Nr. 36). Ziel ist eine Feier der Trauung, die „gültig, würdig und fruchtbar vollzogen wird" (Nr. 53).
Doch die Chancen, die in einer sach- und personengerechten Ehevorbereitung liegen, werden weder von der Mehrheit der Paare angefragt noch mit Nachdruck angeboten. Es wird aus dem Apostolischen Schreiben von Johannes Paul II. über die Aufgaben der christlichen Familie (Familiaris consortio, 1981) der Arbeitsauftrag zu dem Dokument von 1996 zitiert: „Die Kirche muss bessere und intensivere Programme zur Ehevorbereitung entwickeln und fördern, um die Schwierigkeiten möglichst zu beseitigen, mit denen so viele Ehen zu ringen haben, vor allem aber auch, um die Bildung und das Heranreifen von geglückten Ehen positiv zu unterstützen" (Nr. 14).

Es geht um einen Weg, den Brautleute gehen können. Der Zusammenhang von Heil bzw. Unheil in der einzelnen Lebensgeschichte und der gemeinsamen Paargeschichte soll klarer erkannt, durch menschliches Mühen gebessert und durch Gottes Zuwendung geheilt werden. Brautpaare sind eingeladen, auf Gott zuzugehen; und zugleich wächst zwischen ihnen das Geheimnis Gottes, inkarniert sich Gottes guter Familiengeist, der Heilige Geist.

Können wir, wenn wir vielleicht schon viele Jahre verheiratet sind, sagen, dass in unserer Ehe dieses Geheimnis Gottes anwesend ist? Ist unsere Ehebeziehung bereits von der Frohbotschaft geprägt oder kann sie noch mehr vom Evangelium durchdrungen, evangelisiert werden? Brautpaaren empfehle ich, die Kursangebote für Paare zu prüfen und sich ihren eigenen „Lehrplan" zusammenzustellen. Es gibt auch ein umfangreiches Buchangebot für die Brautzeit.

Herzensbekehrung

Geradezu notwendig ist auf diesem Weg das Angebot unserer Kirche, in der Zeit der Verlobung, besser noch davor zur Zeit der „Brautschau", das eigene Leben – vielleicht erstmals – in persönlicher Weise Gott anzuvertrauen, z. B. in der persönlichen Erneuerung des Taufversprechens (siehe Gotteslob Nr. 50). Dieser Vertrauensschritt wird dann in der Hochzeit ausgeweitet auf den Partner hin und gemeinsam vertieft auf Gott hin. Christliche Ehe ist ein Weg, auf dem die Vorahnung der ewigen Freude im Reich Gottes empfangen werden kann. Gott gibt in dieses eheliche Wir seinen helfenden Beistand, den Heiligen Geist, wenn wir als Ehepaar uns diesem öffnen. Ehe ist (wie Ehelosigkeit um der Person Christi willen) ein Weg zu einem erfüllten Leben, eben glücklich zu werden. Die Zärtlichkeit Gottes ist Anfang und Ende aller ehelichen Liebe. Grundvoraussetzung für das Leben dieses Geheimnisses ist die radikale Herzensbekehrung, eine Grundentscheidung für den lebendigen Gott.

Drei Stufen der Vorbereitung
Das hier vorgestellte Dokument stellt die Verlobung „in den Kontext eines intensiven Evangelisierungsprozesses. ... Die Vorbereitung auf die Trauung ist ein Kairos, das heißt eine Zeit, in der Gott zu den Verlobten spricht und in ihnen die Berufung zur Ehe und zu dem damit verbundenen Leben weckt" (Nr. 2). Es wäre eine Ehevorbereitung wie in einem Katechumenat. Dies zu tragen wäre Aufgabe einer lebendigen Gemeinde, in denen die Gläubigen in Gruppen gemeinsam den Weg der Nachfolge Christi suchen.[2]

Es geht um drei Stufen oder Zeiten der Vorbereitung:
1. Die entferntere Vorbereitung hat ihren Ort vor allem in der Familie. Hier geht es darum, die Grundlagen zu legen für ein richtiges Urteil, für eine immer bessere Aneignung der Hierarchie der Werte (Nr. 26). Ein weiteres Ziel ist die „Einführung in die erzieherische Sendung durch die eigenen Eltern. Denn der von den christlichen Hausgemeinschaften bezeugte christliche Lebensstil ist bereits eine Evangelisierung" (Nr. 28). Hierhin gehört auch die Vermittlung von Entscheidungshilfen zur Partnerwahl.
2. Die nähere Vorbereitung ab der Verlobung zielt hin auf eine „klare Erkenntnis der Wesensmerkmale der christlichen Ehe: Einheit, Treue, Unauflöslichkeit, Fruchtbarkeit" (Nr. 45). Die Brautleute sollen als Glaubende verstehen, dass sie als Spender des Sakraments mit der Liebe Christi verbunden sind. Der zeitliche Umfang dieser Vorbereitung wird (allerdings nur in einer Anmerkung) konkret genannt: „Es wären zum Beispiel dafür wenigstens eine Woche oder vier Wochenenden (vier volle Samstage und Sonntage) oder ein Jahr lang ein Nachmittag pro Monat notwendig" (Nr. 48).
3. In der unmittelbaren Vorbereitung in Ehevorbereitungsseminaren, „speziellen und intensiven Treffen", sollen folgende Ziele (Nr. 50) angestrebt werden:
   – Zusammenfassung des bereits zuvor zurückgelegten Weges, insbesondere der theologischen, moralischen und spirituellen Inhalte, um so mögliche Lücken in der Grundausbildung auszufüllen;

- Erneuerung der Gebetserfahrung, die bei Einkehrtagen, Exerzitien für Brautpaare gemacht wurden;
- liturgische Vorbereitung und Sakrament der Versöhnung;
- Gespräche mit dem Pfarrer.

Zwei Kursbeispiele
Im Rahmen der Angebote des Geistlichen Familienzentrums „Familien mit Christus", in dem ich lebe und wirke, sind hier zwei Wochenenden zu nennen:

1. Für Jugendliche ab 15 und junge Erwachsene bieten wir „Sons and Daughters Encounter" (SADE[3]) an: ein Wochenende der Begegnung mit sich selber und der inneren Auseinandersetzung mit den Personen der Herkunftsfamilie (Eltern, Geschwister, Großeltern). Ein Ziel ist, biblisch ausgedrückt, in rechter Weise Vater und Mutter ehren und verlassen, um dann gegebenenfalls auf Brautschau zu gehen. Die Reihenfolge der biblischen Lebensordnung (Gen 2,24) ist wichtig: Die Eltern verlassen (als öffentlicher Akt), einander anhangen (in Treue eine neue Lebenseinheit bilden), ein Fleisch werden (der biblische Ausdruck für sexuelle Gemeinschaft in der Ehe).
2. Für Paare bieten wir „Brautleutewochenenden" an. Es geht um die Gestaltung des Lebens aus der Beziehung zu Jesus Christus, die in der Taufe grundgelegt ist. Thema: Wer ist Gott für Dich? Dann geht es um die Annahme der eigenen Lebensgeschichte: Liebe Dich selbst! Fragen der Kommunikation werden unter dem Thema „Von der Kunst, als Paar zu leben" behandelt; am Ende steht meist: Eheliche Sexualität, ein guter Gedanke Gottes. Die Theologie der Ehe und die Gestaltung der kirchlichen Eheschließungsfeier sind weitere Themen.

Es tut bei diesen Tagen gut, abschließend Texte aus der Feier der kirchlichen Verlobung und der Trauungsliturgie zu hören. Wir laden immer ein, diese nicht nur mit dem Verstand zu registrieren, sondern auch mit dem Herzen aufzunehmen.

Verlobungssegen

Die Verlobung ist der Ausdruck des festen Willens zweier Menschen, miteinander die Ehe einzugehen. Die Bekundung dieser Absicht ist so bedeutsam, dass eine religiöse Gestaltung der Verlobungsfeier sinnvoll ist. Die Feier wird von einem Elternteil oder Diakon/Priester geleitet.

„Gepriesen bist du, Herr, unser Gott!
Alles, was du geschaffen hast, ist gut.
Wir loben dich. Wir preisen dich.

Du hast dem Menschen deine Schöpfung anvertraut.
Wir loben dich. Wir preisen dich.

Du hast Mann und Frau füreinander bestimmt.
Wir loben dich. Wir preisen dich.

Gott, unser Vater, unser Leben liegt in deiner Hand.
Wir gehören dir, du lässt uns nicht allein.
So braucht uns nicht bange zu sein vor der Zukunft.

Wir bitten dich um deinen Segen für diese Verlobten:
Sende ihnen dein Licht, damit sie klar erkennen,
dass du sie füreinander bestimmt hast.
Hilf ihnen, den Weg ihres Lebens gemeinsam zu gehen.
Halte deine schützende Hand über die beiden,
dass sie in ehrfürchtiger Liebe und Verantwortung diese Zeit der Vorbereitung auf die Ehe leben.
Lass sie im Glauben an dich und in gegenseitigem Vertrauen immer besser zueinander finden.

Der Friede Gottes, der alles Begreifen übersteigt,
bewahre eure Herzen und eure Gedanken
in der Gemeinschaft mit Christus Jesus.
Das gewähre euch der dreieinige Gott,
der Vater und der Sohn und der Heilige Geist."[4]

Trauungssegen

Teil einer jeden christlichen Trauung ist der Trauungssegen – Gottes wohltuende Zusage, mit seinem Schutz und seiner Fürsorge zu einem Paar zu stehen. Was im festlich-bewegten Moment der Eheschließung für die beiden aufgeregten Brautleute manchmal fast untergeht, hat eine tiefe Bedeutung für uns: Gott, der Liebe, Ehe und treues Zueinanderstehen „erfunden" hat, will uns mit seiner Kraft und Fürsorge nicht verlassen. Wir selbst sind es, die ihn und seine guten Gebote für unser Leben in Krisen leider oft aus dem Blick verlieren.

Deswegen kann es gerade in den Durststrecken des Lebens, in Ehekrisen, hilfreich und neu ermutigend sein, sich an den am Ehebeginn in der Gemeinde über dem Paar ausgesprochenen Segen zu erinnern. In einigen Konfessionen sind Brautsegen in Handbüchern für Amtshandlungen, in Ritualen bzw. Agenden ausformuliert. Hier wird eine Auswahl dieses spezifischen Beitrages der Kirchen zur Eheschließung dargelegt. Den damals zugesagten Segen in schwierigen Zeiten nochmals zu studieren und auf sich wirken zu lassen, kann wie Balsam für die Seele wirken.

Jüdisch

Schon im Alten Testament wird vom Segen des Brautpaares gesprochen, z. B. in der Eheanbahnungsgeschichte von Tobias und Sara (Tobit 7,13; 2. Jh. v. Chr.). Ein spätjüdischer Hochzeitssegen ist uns von Rab Jehuda († 299) überliefert, durchgängig eine Lobpreisung:

> *„Gepriesen bist du, Jahwe, unser Gott, König der Welt,*
> *der alles zu seiner Ehre geschaffen, und Bildner des Menschen:*
>
> *Erfreue mit großer Freude dieses geliebte Paar,*
> *wie du dein Gebilde im Garten Eden vor alters erfreut hast.*
>
> *Gepriesen bist du, Jahwe, der Bräutigam und Braut erfreut!*
>
> *Gepriesen bist du, Jahwe, unser König, König der Welt,*
> *der Wonne und Freude, Bräutigam und Braut, Frohlocken,*

Jubel, Fröhlichkeit, Frohsinn, Liebe und Brüderlichkeit und Eintracht und Freundschaft geschaffen hat.

Eilends, Jahwe, unser Gott, möge in den Städten Judas und in den Gassen Jerusalems gehört werden die Stimme der Wonne und die Stimme der Freude, die Stimme des Bräutigams und die Stimme der Braut, die Stimme des Jauchzens der Bräutigame aus ihrem Brautgemach und die der Jünglinge von ihrem Hochzeitsmahl."[5]

Dieser Segen spricht in ungetrübter Lebensfreude auch vom Innenraum ehelichen Lebens. Von Tobias und Sara wissen wir, dass sie das Segensgebet weiterführen in ihrem ehelichen Gebet am Beginn der Hochzeitsnacht (Tobit 8,4-8). Sie stellen sich gemeinsam unter Gottes Gnade. So wird die Gegenwart Gottes für sie fruchtbar.

In den Segnungen wird deutlich, dass Gott und seine Kirche diese beiden, die heiraten, nicht allein lassen, sondern zu ihrem Heil ihre Hilfe anbieten, seine überströmende Liebe, seinen Segen. Aufgabe der Brautleute ist es, sich persönlich Gott anzuvertrauen und gemeinsam seine Zuwendung immer neu anzunehmen und sich gegenseitig zu vermitteln; schließlich sind sie Geschenk Gottes füreinander.

Beim Lesen und Meditieren dieser Segnungen entschieden die zugesagte Zuwendung Gottes nochmals anzunehmen, kann die „Gnade Gottes wieder entfachen" (2 Tim 1,6). Ich empfehle, diese Traditionen für sich persönlich zu erschließen. Es geht um ein Verkosten der guten Zusagen von innen her.

Orthodox

Die ausführlichsten Segenstexte fand ich in der orthodoxen Trauung. Gott wird gebeten, das Brautpaar den heiligen Ehepaaren aus den Vorfahren Christi an die Seite zu stellen und ihm denselben Segen zu geben. Die im Gebet erwähnten Personen und Ereignisse bezeugen, dass Gott seinem Volk treu bleibt und Grund jeder ehelichen Treue ist. Der hier gewählte Ausschnitt erfleht Gottes Segen in Form einer Litanei.

*„Segne sie, Herr, unser Gott,
wie du Abraham und Sara gesegnet hast;
segne sie, Herr, unser Gott,
wie du Isaak und Rebekka gesegnet hast;
segne sie, Herr, unser Gott,
wie du Jakob und alle Stammväter gesegnet hast;
segne sie, Herr, unser Gott,
wie du Josef und Asenat gesegnet hast;
segne sie, Herr, unser Gott,
wie du Mose und Zippora gesegnet hast;
segne sie, Herr, unser Gott,
wie du Joachim und Anna gesegnet hast;
segne sie, Herr, unser Gott,
wie du Zacharias und Elisabet gesegnet hast.*

*Behüte sie, Herr, unser Gott,
wie du Noah in der Arche behütet hast;
behüte sie, Herr, unser Gott,
wie du Jonas im Bauch
des Seeungeheuers behütet hast;
behüte sie, Herr, unser Gott,
wie du die drei heiligen Jünglinge
vor dem Feuer behütet hast,
indem du ihnen Tau vom Himmel
herabsandtest ...*

*Mögen sie leuchten wie Sterne am Himmel
in dir, unserem Herrn,*

*dem gebührt aller Ruhm, alle Macht,
alle Ehre und Anbetung,
jetzt und immerdar und in alle Ewigkeit."*[6]

Ähnlich heißt es in einem mittelalterlichen Gebet aus Spanien
(8. bis 11. Jh.):

> *„Gewähre dieser deiner Dienerin N.,*
> *dass sie sich mit der liebenden Anhänglichkeit Saras bekleidet,*
> *mit der Weisheit Rebekkas, der Liebe Rachels,*
> *mit der Anmut und der Keuschheit Susannas.*
> *Dein Segen, Herr, und das Geschenk deiner Gnade*
> *komme auf diese Deine Diener N. N. herab, so wie der Tau und*
> *Regen auf das Angesicht der Erde herabkommen.*
> *Auf dass dein Segen ihre Herzen und ihre Leiber in Fülle umströme, so wie sie die Berührung deiner Hand verspüren, und*
> *durch die Berührung des Heiligen Geistes*
> *die ewig dauernde Freude empfangen."*[7]

Evangelisch

> *„Der Herr, unser Gott, segne euren Bund und behüte euren*
> *Ausgang und Eingang von nun an bis in Ewigkeit"* (Ps 121,8).

Dies ist die Ehebestätigung unter Handauflegung nach der Agende für evangelisch-reformierte Gemeinden der Lippischen Landeskirche. (In den Gliedkirchen der Evangelischen Kirche Deutschlands gelten neun verschiedene Trauliturgien.) In der anschließenden Fürbitte heißt es:

> *„Herr, unser Gott! Blicke gnädig auf diese Eheleute, die einen*
> *christlichen Ehebund nach deinem Wort geschlossen haben.*
> *Führe sie auf rechter Straße um deines Namens willen und*
> *begleite sie mit deinem Wort, dass sie je länger je mehr als*
> *dankbare Glieder deiner Gemeinde leben."*[8]

Als Segenswort bei der Feier eines Ehejubiläums wird in dieser Agende angeboten:

„Der barmherzige Gott und Vater, der euch bis hierher geholfen, euch gnädig erhalten und geleitet hat, verleihe euch auch ferner seinen Schutz und Segen. Er lasse eure Herzen in Treue verbunden sein bis ans Ende."[9]

In einem Kirchenlied von Paul Gerhardt (gest. 1676) zur Trauung heißt es:

*„Wenn Mann und Weib sich wohl verstehn und
gleichgesinnt zusammengehn im Bunde reiner Treue,
da blüht das Glück von Jahr zu Jahr, da sieht man,
wie der Engel Schar im Himmel selbst sich freue.
Kein Sturm, kein Wurm kann zerschlagen, kann zernagen,
was Gott sendet dem Paar, das an ihn sich wendet."*

Brautpaaren in evangelisch-lutherischen Gemeinden werden drei Formen der Segnung angeboten: Gebet unter Handauflegung, Gebet mit abschließender Segensformel unter Handauflegung durch den Pfarrer, entfalteter Segen unter Beteiligung von Freunden und Bekannten des Paares. Bei der ersten Form heißt es in der Agende:

*„Gott, unser Vater, du willst, dass Mann und Frau
in der Ehe eins werden.
Wir bitten dich für N. und N. N.:
Gib ihnen den Heiligen Geist,
dass sie ihr gemeinsames Leben nach deinem Willen gestalten.
Schenke ihnen festen Glauben, beständige Liebe,
unbeirrbare Hoffnung.
Segne sie, dass sie einander lieben und gemeinsam dich loben.
Das bitten wir durch Jesus Christus, deinen Sohn,
unseren Herrn."*[10]

Bei der entfalteten Form können die beteiligten Eltern, Paten, Geschwister, Verwandte, Kirchenvorsteher und andere Gemeindemitglieder frei formulieren oder aus zur Auswahl angebotenen Segensworten wählen:

„Gott erhalte euch die Gesundheit und die Freude am Leben.
Gott schenke euch allezeit gute Freunde.
Gott lasse eure Arbeit gelingen.
Gott gebe euch ein offenes Herz für Menschen,
die eure Hilfe brauchen.
Gott erhalte euch in der Gemeinschaft der Kirche.
Gott helfe euch, im Gespräch zu bleiben:
miteinander und mit anderen Menschen."[11]

Ein ausführlicher Segen wird unter „Texte zur Auswahl" angeboten:

„Gott, unser Vater, Schöpfer der Welt.
Du hast Mann und Frau nach deinem Bild erschaffen
und ihre Gemeinschaft gesegnet. Ihr Bund soll ein Abbild
des Bundes sein, den du mit deinem Volk geschlossen
und immer wieder erneuert hast. Ihre Liebe sei ein Gleichnis der
Liebe, die deinen Sohn mit seiner Gemeinde verbindet.

Wir bitten dich für diese Eheleute:
Gewähre ihnen die Fülle deines Segens,
damit ihre Liebe wachse und reife.
Hilf, dass sie sich gegenseitig im Glauben stärken,
in Treue zusammenstehen, Freude und Leid miteinander teilen.
Gib, dass sie an frohen Tagen dich loben,
in schweren Zeiten bei dir Hilfe suchen,
bei all ihrem Tun deine Nähe spüren,
in der Gemeinschaft der Kirche bleiben
und in der Welt deine Zeugen werden.
Lass sie in Gesundheit alt werden
und mit ihren Angehörigen und Freunden
in dein himmlisches Reich gelangen."[12]

Auch bei den großen Gedenktagen für eine Ehe – der Silberhochzeit oder der goldenen Hochzeit – wird in vielen Gemeinden noch einmal feierlich der Segen über den beiden Eheleuten bekräftigt und für die gemeinsame Zeit gedankt. Bei solch einem Gedenktag gibt es verschiedene Segensgebete, zu dem das Ehepaar zu den Stufen des Altares vortreten kann. Bei einem Vorschlag sprechen die Ehepartner abwechselnd:

„Allmächtiger, treuer Gott, du hast Großes an uns getan;
du hast uns wunderbar geführt und uns über Bitten und
Verstehen gesegnet.
Wir danken dir für alle deine Güte.
Vergib uns, was wir aneinander versäumt haben.
Stärke und erneuere unsere Liebe.
Lass uns alle Zeit darauf bedacht bleiben,
einander zu helfen auf dem Weg zum ewigen Heil."[13]

Katholisch

Der Zelebrant lädt alle Versammelten mit folgenden Worten zum Gebet für die Brautleute ein:

Lasst uns beten, Brüder und Schwestern,
zu Gott, unserm Vater,
dass er N. und N. (Bräutigam und Braut)
mit der Fülle seines Segens beschenke.

Es folgt eine Gebetsstille. Dann breitet der Zelebrant die Hände aus und spricht:

Wir preisen dich, Gott, unser Schöpfer,
denn im Anfang hast du alles ins Dasein gerufen.
Den Menschen hast du erschaffen als Mann und Frau
und ihre Gemeinschaft gesegnet.
Einander sollen sie Partner sein
und ihren Kindern Vater und Mutter.

Wir preisen dich, Gott, unser Herr,
denn du hast dir ein Volk erwählt
und bist ihm in Treue verbunden;
du hast die Ehe zum Abbild deines Bundes erhoben.

Dein Volk hat die Treue gebrochen
doch du hast es nicht verstoßen.
Den Bund hast du in Jesus Christus erneuert
und in seiner Hingabe am Kreuz für immer besiegelt.
Die Gemeinschaft von Mann und Frau
hast du so zu einer neuen Würde erhoben
und die Ehe als Bund der Liebe
und als Quelle des Lebens vollendet.
Wo Mann und Frau in Liebe zueinander stehen
und füreinander sorgen,
einander ertragen und verzeihen,
wird deine Treue zu uns sichtbar.

Der Zelebrant streckt seine Arme über die Brautleute aus:

So bitten wir dich, menschenfreundlicher Gott,
schau gütig auf N. und N., die vor dir knien (stehen)
und deinen Segen erhoffen.
Dein Heiliger Geist schenke ihnen Einheit
und heilige den Bund ihres Lebens.
Er bewahre ihre Liebe in aller Bedrohung;
er lasse sie wachsen und reifen
und einander fördern in allem Guten.
Hilf ihnen, eine christliche Ehe zu führen
und Verantwortung in der Welt zu übernehmen;
verleihe ihnen Offenheit für andere Menschen
und die Bereitschaft, fremde Not zu lindern.

(Schenke ihnen das Glück,
Vater und Mutter zu werden,
und hilf ihnen, ihre Kinder christlich zu erziehen.)

*Gewähre ihnen Gesundheit und Lebensfreude bis ins hohe Alter,
schenke ihnen Kraft und Zuversicht in Not und in Krankheit.
Am Ende ihres Lebens
führe sie in die Gemeinschaft der Heiligen,
zu dem Fest ohne Ende,
das du denen bereitest, die dich lieben.*

*Darum bitten wir
durch Jesus Christus, deinen Sohn,
unsern Herrn und Gott,
der in der Einheit des Heiligen Geistes
mit dir lebt und herrscht in alle Ewigkeit.*

Alle: *Amen.*[14]

Das Eherituale bietet mehrere Trauungssegen-Modelle. Die Brautpaare sind aufgerufen, den für sie passendsten Trauungssegen auszuwählen.

In allen Segensgebeten wird die konkrete Lebenssituation im Lichte des Glaubens gedeutet und als Heilshandeln Gottes preisend und bittend proklamiert. Anlass für die Anbetung Gottes ist, dass sich zwei geeinigt haben, den Entschluss zur Ehe gefasst haben. Dieses Lebensereignis wird dabei gläubig als Handeln Gottes gedeutet. Die Wundergaben Gottes („Du bist für mich geschaffen und schenkst dich mir. Ich bin für dich geschaffen und schenke mich dir") werden in der preisenden Rückgabe an Gott zum gefeierten Ereignis. Die Ehe, welche sich Brautleute einander versprechen, wird im Großen Segensgebet als Sakrament proklamiert. Dies geschieht worthaft im Weihegebet und leiblich zeichenhaft in der Handauflegung bzw. Ausbreitung der Hände über dem Paar durch den im Namen der gottesdienstlichen Versammlung handelnden Vorsteher.

Da wir als Ehepaare Gefährdete sind, da wir für das Gelingen unserer Beziehung auf Gottes Hilfe angewiesen sind, schließe ich mit einem jüdischen Sprichwort: „Eine glückliche Ehe ist eine größere Wundertat Gottes als die Teilung des Schilfmeeres."

Ehe-Abend
Miteinander sprechen

Ein durchschnittliches Ehepaar redet täglich neun Minuten miteinander. Bei so geringer Kommunikation besteht ernsthaft die Gefahr der Zerrüttung der Ehe. In Deutschland kommen mehr Paare vom Scheidungsrichter als vom katholischen Traualtar[15]. Zur Prophylaxe und Heilung ist es dringend erforderlich, dass Ehepartner regelmäßig, mit ausreichend Zeit und einander wirksam zugewandt miteinander reden. Für zahlreiche Ehepaare wurde der Ehe-Abend zu einer heilsamen Erfahrung und inzwischen auch zu einer Institution in ihrem Eheleben.

Liebe braucht einen Rahmen
21.00 Uhr. Die Kinder liegen im Bett. Das Wohnzimmer ist aufgeräumt, falls das der Zufriedenheit dient. Das Telefon ist leise gestellt. Kein TV. Leise Musik, die beide gerne hören. Ein Tag hinter uns, der nicht alle Kräfte verbrauchte. Ein guter Schluck vor uns. Wir wissen es beide: Ich liebe dich heute mehr als gestern, aber weniger als morgen. Unsere Erwartungen sind: Ich möchte dich mit dem Herzen besser verstehen; ich möchte dich annehmen, wie du bist; ich möchte, dass du wirst, wie Gott dich gedacht hat.
Wir beginnen einander zu erzählen, was wir in den letzten Tagen bewegt haben in der Familie, im Beruf. Weil wir in den letzten Tagen wenig Zeit miteinander hatten, wollen wir uns mit gegenseitiger Information auf Stand bringen. Dabei sagen wir auch die eigene Meinung zu Sachverhalten bzw. Verhaltensweisen. Beispiel: Die Nachbarin war an einem Vormittag der Woche zu einem längeren Gespräch bei meiner Frau und hat ihre Familiennöte ausgesprochen. So blieb eine für uns dringende Arbeit liegen, was zu einer Unstimmigkeit bei uns im Paar führte. Jetzt im Abstand besprechen wir das in Ruhe und finden zu einem Konsens für die nächste derartige Situation.

Von Herz zu Herz
Wir tauschen uns aus, was uns bewegt, welche positiven und negativen Empfindungen in uns aufstiegen, z. B. bei der wiederholten Note Fünf eines Schulkindes. Wir bemühen uns miteinander, Gefühle wahrzunehmen, zuzulassen und einander mitzuteilen. Wir nehmen den anderen an als „Provokation": er/sie ruft etwas aus mir heraus. So finden wir zu größerer Nähe, arbeiten an einer harmonischen Beziehung. Manchmal rutschen wir bei dem Bemühen aus und fallen unvermittelt wieder in den „Keller der Kritik".
Manchmal ist es uns geschenkt, dass wir zu Offenheit und Ehrlichkeit finden, dass wir im Haus unserer Ehe-Kommunikation zur Ebene der Kommunikation von Herz zu Herz finden, zu einem herzlichen Verhältnis. Ich bin glücklich, dass ich deine Bedürftigkeit wahrnehmen darf, dass ich auf deine Bedürftigkeit eingehen kann. Es macht mich froh, deine Gaben sehen zu dürfen und von dir beschenkt zu werden. Dann erfahren wir unsere Beziehung als Heimat, wärmend, als Raum wohltuender Freiheit, in dem jeder in seiner Eigenart sein darf, geborgen beim anderen. Dieser Schutzraum des Glücks in einem stressigen Alltag vermittelt die tiefe Gewissheit, zum anderen zu gehören, einander zu (er)kennen, eins zu sein. Solche Abende stärken die eheliche Beziehung und sind dadurch der beste Schutz vor außerehelichen Abenteuern.

Jede Woche
Erstrebenswert ist es, solche Ehe-Abende wöchentlich zu pflegen. Doch eine Vielfalt von Abendterminen kann eine Konkurrenz sein, ebenso das Fernsehprogramm oder Erschöpfung von den Anstrengungen des Arbeitstages. Folglich legen wir in besonders arbeitsintensiven Zeiten den Ehe-Abend im Terminkalender fest. Sonst wäre das notwendige Maß an Zeit nicht gesichert.
Wenn ältere Kinder in der Familie sind, kann deren abendliches Redebedürfnis ebenfalls in Konkurrenz stehen. Unseren Jugendlichen kündigen wir beim Abendessen an: „Heute haben wir Ehe-Abend" und sie wissen dann, dass wir nach 20.45 Uhr nicht mehr zu sprechen sind und

sie die Dinge z. B. für den nächsten Schultag vorher mit uns klären müssen.
Wer Spätschicht arbeitet, hat die Chance zu einem Ehe-Vormittag: wenn die Kinder im Kindergarten und in der Schule sind, miteinander ausführlich frühstücken, in Ruhe den Tag angehen.

Behutsamkeit trainieren
Das Gespräch am Ehe-Abend lässt unsere Ehe wachsen, wir werden auch nach 29 Ehejahren vertrauter miteinander. Wir dürfen unseren Teil dazu beitragen, dass wir reifen. Dadurch werden wir genießbarer, auch für unsere Kinder. Das haben sie bereits erfahren. Manchmal ist solch ein Abend auch etwas wie eine Bergbesteigung: anstrengend, aber schließlich mit einer guten Aussicht. Es lohnt sich. Gerade wenn es mühsam miteinander wird, kann es helfen, sich vorzustellen, in Gottes Hand geborgen zu sein. Ich bin von Gott zärtlich gehalten. Ohne diese Erfahrung bin ich ungehalten, und es fällt mir schwerer, selber zärtlich zu sein.
Der Ehe-Abend ist ein Training der Behutsamkeit, des Hörens aufeinander, der Zartheit. Wir üben ein, absichtslos gut zu sein. Er kann auch zu größerer Freiheit führen, sich durch Berührung zu erfreuen und zu vergnügen. Dies kann der Anfang sexueller Begegnung sein, muss es aber nicht. Zum Ehe-Abend kann auch das Ehegebet gehören. Den gemeinsamen Schöpfer loben, ihn anbeten, ihn um den Geist der Unterscheidung bei anstehenden Entscheidungen bitten usw., sein Wort lesen und aufnehmen. So liegt es nahe, sich unter dem Blick Gottes Rechenschaft abzulegen über die gemeinsame Lebensführung.

Briefe in Liebe
Bei manchen Themen hilft es den Partnern, sich schriftlich vorzubereiten, z. B. in der beruflichen Mittagspause der Partnerin einen Brief schreiben: in 15 bis 20 Minuten kann ich gut meine Fragen, Haltungen, Gefühle zu einem Thema fassen und schreiben. Dies soll ehrlich und mit Zärtlichkeit geschehen, in Briefform mit Anrede, Unterschrift, Datum, wie ein Liebesbrief. Die Partnerin schreibt zum gleichen am

letzten Ehe-Abend vereinbarten Thema ihren Brief, z. B. als Hausfrau nach dem Verabschieden der Kinder und dem Wegräumen des Frühstücksgeschirrs bei einer letzten Tasse Kaffee. Am Ehe-Abend werden dann die Briefe ausgetauscht, gelesen (mit Verstand und Herz, also zweimal) und das Gespräch beginnt. Wir bemühen uns mit allen Kräften, besser und vollständiger zu erfahren, was der andere empfindet und mitteilen will. So wachsen unsere Herzen aufeinander zu, dienen wir einander und der Einheit unserer Ehe.

Tag für Tag
Ein Ehe-Abend braucht das tägliche Gespräch als Grundlage. Sonst besteht die Gefahr, dass zuviel an Informationsvermittlung, an Konfliktstoff und Erwartungshaltung in den dann zu kurzen Abend hineingepackt wird. Ein möglichst tägliches Gespräch z. B. direkt nach Feierabend bei einer Tasse Tee kann da helfen. Der Ehe-Abend hilft umgekehrt, dass das tägliche Gespräch runder läuft, dass im Alltag Einheit erfahrbar wird.

Ehepaargruppe
Der Austausch mit anderen Ehepaaren kann das Gespräch am Ehe-Abend befruchten und manchmal weiterführen. Die Paare bereiten sich im Ehegespräch auf den Austausch in einer Ehepaargruppe vor und umgekehrt, wie eine Wachstumsspirale.

Du bist Geschenk Gottes an mich
Zur ehelichen Sexualität

Die Gemeinschaft der Glaubenden unterstützt Ehepaare auf ihrem Weg, indem sie ihnen verbindlich zusagt: Jesus Christus hat Interesse daran, dass eure Beziehung gelingt, dass eure Partnerschaft ein Fest werde und immer wieder sei. Wo ihr euch einander schenkt zum Wohl und Heil des anderen, da ist Gott bei euch. Unter Katholiken nennt man das „Sakrament der Ehe": Zwei versprechen sich die Treue, spenden sich gegenseitig Zeichen der Zuwendung, schenken sich einander. Das wird sehr konkret in der ehespezifischen Zärtlichkeit, in der sexuellen Hingabe.

Theologen sprachen bis in die Mitte des 19. Jahrhunderts davon, dass der Heilige Geist sich unter dem Geschlechtsakt für eine Weile zurückziehe. Reflexionen über die Zeichen der Zuwendung Gottes (= Sakramente) führten dazu, dass wir heute sagen dürfen: Die geschlechtliche Hingabe gehört zu den wichtigsten Ausdrucksmöglichkeiten des ehelichen Bundes[16]. So können Ehepaare in der Ganzhingabe aneinander Gott begegnen. „Der Schöpfer selbst hat es so eingerichtet, dass die Gatten Lust und Befriedigung des Leibes und des Geistes erleben. Sie nehmen das an, was der Schöpfer ihnen zugedacht hat." Auch Katholiken würden nicht vermuten, dass dies bereits 1951 Papst Pius XII. geschrieben hat.

So wie das Wasser die Materie bei der Taufe ist, und Brot und Wein es beim Abendmahl sind, so gehört der Geschlechtsverkehr zur „Materie" des Ehesakramentes. Die geschlechtliche Hingabe wird durch das Ja-Wort der Partner vor Zeugen und durch Gottes Gnade gewandelt und zum sakramentalen „Zeichen" seiner Gegenwart. Daher ist nach katholischem Verständnis eine Eheschließung erst gültig, wenn die Partner die Ehe vollzogen haben. Wir sprechen nicht mehr von Recht und Pflicht, von Last und Leistung, sondern nehmen die Bedürftigkeit des anderen wahr. Dein Grundbedürfnis nach Zärtlichkeit rührt an meine Seele. Ich bin glücklich, dass ich auf deine Bedürftigkeit eingehen kann, dass ich dir Heimat, Halt geben kann. Ich bin dankbar, dass ich Geschenk Gottes an dich sein darf, dass du Gabe Gottes an mich bist. Gemeinsam öffnen wir uns für das Geschenk der Erfahrung des Heiligen Geistes in der Mitte unseres ehelichen Erlebens.

- *In der Ehe wird die leibliche Intimität der Gatten zum Zeichen*
- *und Unterpfand der geistigen Gemeinschaft. Das Eheband*
- *zwischen Getauften wird durch das Sakrament geheiligt.*
- Katechismus der Katholischen Kirche, Nr. 2360

Ehe ist die kleinste Form von Kirche, und Kirche ist ihrem Wesen nach Dialoggemeinschaft. Wir dürfen als christliche Eheleute das Wesen von Kirche leben im Dialog im Paar und in der Familie. Die Kommunikation soll geprägt sein von Behutsamkeit miteinander und Respekt vor der Würde des Partners. Der Partner wird angenommen als kostbares Geschenk Gottes an mich. Ich bin dankbar, dass du da bist, wie du bist. Ich darf dir absichtslos gut sein. Diese innere Einstellung wird manchmal eine hilfreiche Korrektur zum eigenen Verhalten auch in der sexuellen Begegnung sein können.

Das „Wir" Gottes abbilden
Ich möchte es wagen, von dem Geheimnis zu sprechen, wie Mann und Frau in ihrer gegenseitigen Zuwendung etwas leben dürfen von der innergöttlichen Zuwendung. Frau und Mann sind gemeinsam und auch füreinander berufen, vom Leben in der Dreifaltigkeit Zeuge zu sein.
Gott ist ein „Wir". Gott ist Vater, der uns erschaffen hat. Gott ist Sohn, der uns erlöst hat. Gott ist Geist, der uns heiligt. Vater und Sohn haben sich vor ewiger Zeit entschlossen, ihre überfließende Liebe nicht für sich zu behalten, und sie voller Kreativität in zwei Gott ebenbildliche und doch so verschiedenartige Wesen gegeben: Frau und Mann. Gottes Fantasie hat uns geschaffen und er sagte: Alles ist gut. So wie der Vater ganz im Sohn ist und wie der Sohn ganz im Vater ist, so – in Bezug auf die Ehe in einer Analogie ausgedrückt – schenkt sich der Mann ganz der Frau und schenkt sich die Frau ganz dem Mann.
So wie der Heilige Geist Ausdruck dieses Wir-Aktes zwischen Vater und Sohn ist, so ist das Kind Ausdruck des Wir-Aktes zwischen Mann und Frau. Der Heilige Geist schenkt sich hinein in diese Begegnung zwischen Mann und Frau, wenn sie ihn erbitten und sich öffnen für sein heilendes Handeln. Gott lässt uns in der Mitte des Erlebens, der sexuellen Begegnung, nicht allein und will unsere Freude läutern, intensivieren und auf sich ausrichten, dessen Ebenbild wir gemeinsam sind. Der Raum Gottes ist größer als unsere Beziehung im Paar, die Liebe Gottes ist größer als unsere Liebe. Wir dürfen einsteigen in sein

Herz. In einer Lehre dazu entstand einmal folgendes Bild, das sich die Teilnehmer anschließend als persönlichen Gebetbuchzettel aufmalten.

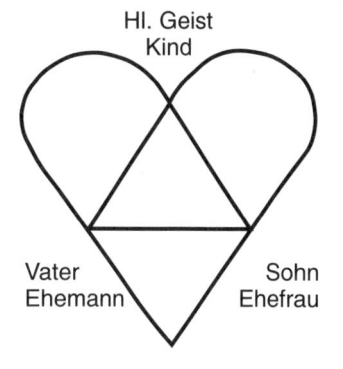

„Gott ist Liebe (1 Joh 4,8) und lebt in sich selbst ein Geheimnis personaler Liebesgemeinschaft. Indem er den Menschen nach seinem Bild erschafft, prägt Gott der Menschennatur des Mannes und der Frau die Berufung und daher auch die Fähigkeit und die Verantwortung zu Liebe und Gemeinschaft ein."[17]

(Schaubild: Herz mit zwei sich überschneidenden Dreiecken; Beschriftungen: Hl. Geist, Kind, Vater/Ehemann, Sohn/Ehefrau)

Die Sexualität evangelisieren

Können wir sagen, dass in unserer Ehe dies Geheimnis Gottes anwesend ist, oder sind wir eher von Genusssucht und Begierlichkeit bestimmt? Ist unsere Ehebeziehung bereits von der Frohbotschaft geprägt oder kann sie noch mehr vom Evangelium durchdrungen, evangelisiert werden?

> *Die Zärtlichkeit Gottes ist Anfang und Ende aller ehelichen Liebe.*

Vom „Geschenk" her wird die Sexualität in der Ehe Ausdruck der Zärtlichkeit Gottes, die uns prägt. Grundvoraussetzung für das Leben dieses Geheimnisses ist die radikale Herzensbekehrung, eine Grundentscheidung für den lebendigen Gott. Diese Herzenshaltung befähigt zur Tugend der Keuschheit, die „die geglückte Integration der Geschlechtlichkeit in die Person und folglich die innere Einheit des Menschen in seinem leiblichen und geistigen Sein" bedeutet. Keuschheit ist „jene geistige Kraft, die die Liebe gegen die Gefahren des Egoismus und der Aggressivität zu schützen und zu ihrer vollen Entfaltung zu führen versteht". „Darum streben Mann und Frau durch ihre gegenseitige Hingabe nach jener personalen Gemeinschaft, in der sie sich gegenseitig vollenden".[18]

*„Wie vermag ich das Glück jener Ehe zu schildern,
die von der Kirche geeint, vom Opfer gestärkt
und vom Segen besiegelt ist, von den Engeln verkündet wird
und vom Vater anerkannt? ... Die beiden Eheleute dienen
einander, ohne dass es eine Trennung zwischen ihnen geben
kann, weder im Fleisch noch im Geist.
In ihnen freut Christus sich und sendet ihnen seinen Frieden".*
Kirchenvater Tertullian (gest. um 225)

Ehegruppen in der Gemeinde

Wenn die Erneuerung der Kirche über die Erneuerung der Stände gehen wird, dann braucht es in den Gemeinden Gruppen, in denen die jeweilige Standesgnade gelebt wird und lebt. Unverheiratete und Verheiratete benötigen Orte und Zeiten, in denen sie sich mit Gleichartigen versammeln, um für die eigene Lebenssituation Klarheit und Kraft zu gewinnen. Aus Sicht eines Verheirateten möchte ich dieser Spur folgen.

1979 entdeckte ich mit meiner Ehefrau und einigen anderen Ehepaaren die Wohltat, sich regelmäßig alle zwei bis drei Wochen zu Austausch und Gebet zu treffen. In dem Miteinander von Menschen in ähnlicher Lebenssituation, damals alle mit kleinen Kindern und offen für weitere Kinder, ergab sich eine gemeinsame Suchbewegung etwa unter der Frage: Was will der Herr uns in unsere Ehe und für unsere junge Familie sagen? Wie kann unser Leben gelingen, wenn wir gemeinsam auf ihn hören? Acht Personen ergänzten sich beim Hören auf Gott und empfingen in der Ergänzung mehr Klarheit.

Hier üben wir ein, in Abhängigkeit von Gott zu leben, in der Gewissheit, dass Gott uns heute liebt. Wir ließen uns erinnern, „dass ihr Tempel Gottes seid und der Geist Gottes in euch wohnt" (1 Kor 3,16). Im Vordergrund einer solchen Gruppe steht die Beziehung untereinander und zu Gott. Hier geschieht Evangelisierung von Person zu Person, wie im Apostolischen Schreiben *Evangelii nuntiandi* von

Paul VI. gewünscht[19]. Daraus ergibt sich zumeist, dass die Mitglieder der Ehepaargruppe auch Dienste in der Kirche übernehmen.
Wir zogen mehrfach über große Entfernungen um und gründeten an unseren neuen Wohnorten jeweils neue Ehepaargruppen in dieser Ausrichtung. Wir entdeckten Ehepaare, die so wie wir in einem persönlichen Schritt ihr Eheversprechen in einer Eucharistiefeier erneuerten und damit verbunden ein Gespür für die Gnade Gottes gewonnen haben, die er im Ehesakrament anbietet. Vielen Paaren ist nach der persönlichen Erneuerung der Ehe aufgegangen, dass ihre Ehe, die zuvor vor allem rechtlich gültig war, nun auch geistlich fruchtbar wurde für sie und ihre Kinder.
Bringen wir die sakramentale Wirklichkeit verschiedener Ehen in einer Gruppe zusammen und bitten wir Gott um deren Verlebendigung. Werfen wir die Sehnsucht, dass die Lebensform der Ehe unter Christen gelingen möge, zusammen und leben in Gruppen mit anderen Ehepaaren. Nur Ehepaare (pur) ist vielfach besonders hilfreich. Es tut einfach gut, sich vierzehntägig oder wöchentlich mit Gleichgesinnten zu treffen, beieinander zu sein, miteinander Ausschau zu halten nach der Spur des Segens vor uns, sich manches Mal auch gegenseitig zu helfen bei Fragen, die einem selber durch die eigene Lebensform so vertraut sind. Im Austausch, Lesen der Hl. Schrift, Gebet, gemeinsamen Mahl, thematischen Erarbeiten und in der gemeinsamen Verpflichtung, auf dem Eheweg Gott zu folgen und ihm näher zu kommen, öffnen sich innere Türen für eine neue Lebendigkeit im Ehepaar. Die Gnade der Ehe gewinnt neu oder erstmalig Farbe, entfaltet ihre Wirkung im inneren Leben und im Alltag. Geheimnisse inneren Lebens kommen in der Ehepaargruppe als „Biotop des Glaubens", als „Brut- und Geburtsstätte" geistlichen Lebens ans Licht, werden fruchtbar für die beteiligten Familien.
Lebendige Gemeinde ist eine Gemeinschaft von Gemeinschaften. Das Miteinander von Gruppen, die für ihren jeweils eigenen Stand die je größere Gnade Gottes suchen, und von standesübergreifenden Gruppen, die im Gebetsdienst oder bei verschiedenen Aufgaben miteinander unterwegs sind, führt zur Erneuerung des Leibes Christi. Auf dem Weg

der Gruppe werden wir tiefer hineingenommen in das Geheimnis der Kirche und eingegliedert in die konkrete Kirche vor Ort. Wo sich Ehepaare gemeinsam mit den Kindern treffen, erfahren diese christliche Mitwelt. Die Gruppe ist wegen einer säkularisierten Schule, Nachbarschaft und manchmal auch Kirchengemeinde oft der einzige Ort, an dem erfahren werden kann, wie alternativ zur Welt, eben christlich gelebt wird. Die Erfahrung solcher Gruppe kann in Jugendlichen die Frage wecken, aus ihrem Leben eine Gabe zu machen und ihre Berufung in Ehe oder Jungfräulichkeit, im Ordensleben oder Priesterdienst zu entdecken.

Darum geht es: Mit Entschiedenheit die Berufung ergreifen, die uns Gott verliehen hat und sich um ihren Bestand mühen (vgl. 2 Petr 1,10). Uns bemühen, unsere Ehe in Klarheit zu leben. In der Ehepaargruppe die Segel weit machen für den Hauch Gottes, damit unsere Eheschiffe Fahrt gewinnen. Uns in Dienst nehmen lassen als Glieder der Kirche, damit die Kirche in und durch uns Erneuerung erfährt.

Wenn du, liebe Leserin, lieber Leser, verheiratet bist, so probiere es aus. Suche dir Ehepaare, die die Sehnsucht teilen. Geht einen gemeinsamen Weg. Die miteinander gelebte Solidarität, die Einheit ist Teil eurer Gebete. Lasst euch beschenken, denn Gott lässt sich gerne bitten.

Familienleben ordnen
Geistliche Hilfen in Gemeinschaft

In der Gemeinschaft Familien mit Christus haben wir zu einem persönlichen, freudigen, entschiedenen Verhältnis zu Jesus Christus gefunden und darin die Kraft und Weisung erfahren, Ehe und Familie zu gestalten. Der Bischof von Regensburg hat uns 1989 als Geistliche Gemeinschaft anerkannt und als Leiter Diakon Franz-Adolf Kleinrahm bestellt. Der Leiter beruft aus den Mitgliedern der Gemeinschaft den Rat zur Unterstützung in seinem Dienst; er hört dazu die Gemeinschaft. Der Raum der Gemeinschaft ist offen für verschieden dicht gelebte Verbindlichkeit. Wir leben 2002 in zehn Diözesen. Die nachfolgenden Texte sind Grundlage unseres Lebens.

Das Zentrum der Gemeinschaft, ihr Herz, ist der dreifaltige Gott. Die Gemeinschaft wird symbolisiert vom inneren Ring. Der Einzelne bindet sich in einem Versprechen an die Gemeinschaft. Im Geistlichen Statut sind Hilfen zum Leben des Einzelnen und der Gemeinschaft formuliert. In sieben verschiedenen „Dienstbereichen" wird das Apostolat mit verschiedenen Gaben der Gemeinschaftsmitglieder und von Mitarbeitern, die von außen dazukommen, getragen.

Gemeinsame Berufung und Auftrag
Ihr seid meine Freunde
(Joh 15,12f).
Die Mitglieder der Gemeinschaft möchten Kirche in geschwisterlicher Weise leben. Wir bilden eine Gemeinschaft auf der Grundlage der Sakramente sowie im Hören auf das Wort Gottes.

Liebt einander (Joh 13,34f).
Der Vater hat mich in seine Kirche gerufen. Er hat mich hineingestellt in die Gemeinschaft von Brüdern und Schwestern, um mit ihnen gemeinsam ihm zu dienen. Ich unterstelle mich der Lehre und Leitung der katholischen Kirche im Geiste des II. Vatikanischen Konzils.

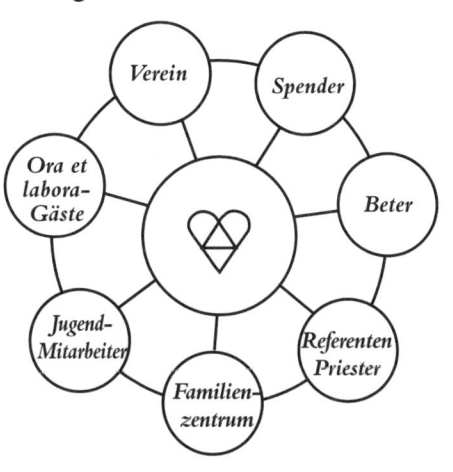

Ihr werdet meine Zeugen sein (Apg 1,8).
Der besondere Auftrag in dieser Gemeinschaft ist der Dienst für die Erneuerung von Ehen und Familien als Zellen geistlichen Lebens. Ich trage dazu bei gemäß meinen Möglichkeiten und mit den mir verliehenen Gaben und Fähigkeiten.

Hilfen für das Leben des Einzelnen

Hingabe (Mt 16,24–26)
Täglich neu mein Leben Jesus Christus anvertrauen und mich ihm ganz hingeben.

Persönliches Gebet (Mt 6,5–6)
Jeden Tag in Stille vor Gott treten (z.b. Stundengebet, Anbetung, freier Lobpreis).

Schriftlesung (Ps 119,33–38)
Täglich auf das Wort Gottes hören; es soll mir den Weg weisen.

Versöhnung (Eph 4,26–32)
Meine Geschwister annehmen und ihnen verzeihen, weil Gott mir in Christus verziehen hat.

Fürbitte (Eph 3,14–21; Phil 4,6)
Täglich fürbittend für Familien als Zellen geistlichen Lebens eintreten. Im täglichen Gebet (z. B. der Pfingstsequenz) verbinde ich mich mit den Geschwistern in der Gemeinschaft.

Begleitung (vgl. Tobit 5ff; Apg 8,26ff)
An Exerzitien teilnehmen und mich regelmäßig geistlich begleiten lassen. Dabei nehme ich die u. g. Fragen zur Lebensbetrachtung als eine Orientierung.

Sakramente
Aus den Sakramenten leben: meine Taufe erneuern, die Eucharistie mitfeiern und empfangen, die Gegenwart Gottes in der Ehebeziehung leben, das Sakrament der Versöhnung empfangen.

Zehnte (Apg 2,44f)
Nach Möglichkeit den Zehnten meines Einkommens z. B. für den Aufbau der Gemeinschaft, an die Armen, für die Evangelisation geben.

Hilfen für das Leben in der Gemeinschaft
Entsprechend meinen Möglichkeiten verpflichte ich mich:
- An *gemeinsamen Gebetszeiten* einer Gruppe in meinem Lebensbereich teilzunehmen (Ehe- und Familiengebet, Ehepaar-Hauskreis, Biblischer Gebetskreis o. Ä.).
- Empfangene *Gaben* in der Pfarrgemeinde einzubringen, wo ich lebe.
- An dem jährlichen *Gemeinschafts*wochenende nehme ich teil und beteilige mich einmal im Jahr an einem weiteren von der Gemeinschaft veranstalteten Kurs (als TeilnehmerIn oder MitarbeiterIn).
- Damit wir *einmütig*en Sinnes seien, will ich mich in die Gemeinschaft einordnen und in aktiver Haltung die Verantwortlichen unterstützen (Hebr 13,7).

Lebensbetrachtung (revision de vie)
Fragen für die Einzelbesinnung und mindestens alle drei Monate für ein Gespräch mit dem Geistlichen Begleiter, der Begleiterin.
Habe ich mein Leben entsprechend diesen geistlichen Hilfen ordnen können?

Gebet
1. Habe ich das Gebet an die erste Stelle gesetzt?
    - Habe ich Zeit zum Gebet gesucht?
    - Wie stand es mit meiner Einteilung für das persönliche Gebet: z.B. eucharistische Anbetung, Beschäftigung mit der Bibel?
2. Pflegte ich das Gebet in Gemeinschaft?
    - Habe ich die Möglichkeit genützt, mitzugestalten?
    - Welche Schwierigkeiten hatte ich mit dem Gebet?
3. Half mir das Gebet zur Gestaltung des Alltags?

Gemeinschaft
1. Habe ich zur Gemeinschaft gefunden, ihr Herz, ihre Vision entdeckt?
2. Wie habe ich die Gemeinschaft erlebt (Art und Weise des Miteinanders, des Dienstes, Gebetsformen)?

3. Habe ich mich von der Gemeinschaft angenommen gefühlt? Woran habe ich das gespürt?
4. Konnte ich die Mitglieder der Gemeinschaft im Lichte des Glaubens bejahen?

Aufgaben der Gemeinschaft
1. In welche Aufgaben hatte ich Einblick? Worin bestand mein Dienst?
2. Könnte ich mich später in einer dieser Aufgaben sehen?
3. Wie stand es mit meinem Einsatz, meiner Beweglichkeit? Hatte ich Ausdauer?
4. Was hat mir am meisten Freude gemacht? Worin habe ich mich schwer getan?
5. Welche Motive lagen meinem Dienst zugrunde?

3
Gelingendes Familienleben

Wie segne ich meine Kinder?

Eines meiner Kinder trägt seit seiner Taufe den Namen Benedikt. In diesem Namen steckt das lateinische benedicere, d. h. gut reden, loben, segnen. Der Name entspricht unserer Intention: Unser Sohn soll ein Gesegneter sein und unser Wunsch ist es, dass er ein Segnender werde. Zudem beschäftigten wir uns zur Zeit der Schwangerschaft als Eltern mit verschiedenen Wegen der Nachfolge, und so auch mit dem Mönchtum als „Schule des Herrendienstes". Die Namensgebung der eigenen Kinder, die Auseinandersetzung mit dem Leben der Heiligen auf dem Weg der Auswahl der Namenspatrone ist ein Weg, eine Segensspur, die es ja in diesen Menschen bereits gibt, aufzugreifen und die eigenen Kinder da hinein zu stellen. Aus dieser Auseinandersetzung ergaben sich für uns als Ehepaar und Eltern die weiteren Namen unserer Kinder: Dominik, Rita, Lioba, Birgitta. Jeder für sich ein Programm und mit einem besonderen Sitz in unserem Leben im Jahr der Geburt. Eine weitere Form des vorgeburtlichen Segnens ist, eine gute, vertrauensvolle, bergende Atmosphäre zwischen Vater und Mutter während der Schwangerschaft zu schaffen. Als Christen dürfen wir uns betend auf die Empfängnis vorbereiten und jeder für sich und auch im gemeinsamen Ehegebet beim Herrn preisend und bittend für unser Kind einsetzen[20]. Hier ist es bereits sinnvoll, dass sich Vater und Mutter gegenseitig segnen, sich gegenseitig groß machen als Geschenke Gottes aneinander und als Mitwirkende an der Schöpferkraft Gottes.

Taufsegen erneuern

Bei der Kindertaufe zeichnen nach dem Taufenden die Eltern und Paten dem Kind vor der Gemeinde ein Kreuz auf die Stirn. Sie bekunden damit, dass ihr Kind kraft der Taufe ein Leben lang Christus gehören soll. Sie empfehlen es dem Schutz dessen, der auch für dieses Kind gestorben und auferstanden ist. Diesen Taufsegen erneuern die Eltern jedesmal, wenn sie ihr Kind segnen. Das Segnungsbuch der katholischen Kirche bietet Texte für verschiedene Segnungen der Familie an bzw. weist ausdrücklich auf ihre Möglichkeit hin: vor dem Einschlafen, beim Verlassen des Hauses, in besonderen Situationen eines kranken Kindes, Jugendlicher bei besonderen Lebensabschnitten, z. B. am Beginn des Berufslebens, beim Weggang aus dem Elternhaus, bei der Verlobung eines Kindes. Andere Kirchen bieten ähnliche Empfehlungen und Handreichungen an.

Der tägliche Schulweg ist der schlichteste Anlass, Kinder auf der Stirn zu bekreuzigen, so schlicht, dass die Jüngeren auch mich bekreuzigen, wenn ich mal wieder über Nacht verreise. Dazu ein gutes Wort, ein liebevoller Blick. Wir wissen, dass wir einen gemeinsamen Herrn haben, wo immer wir uns aufhalten.

Ähnlich das Kreuzeichen beim Ritual des Zubettgehens: zudecken, etwas zu trinken ans Bett stellen, Geschichte vorlesen oder erzählen, streicheln, Kuss und Kreuz.

Lobpreis über den Kindern

Den Herrn preisen für diese Kinder, was mir immer ernst ist, aber emotional nicht immer leicht fällt, denn schließlich habe ich ja auch Nerven. Diese Kinder sind seine, Gottes Geschenke an uns beide als Ehepaar, sie sind uns für vielleicht zwanzig Jahre „zu Lehen gegeben", dürfen wir sie „verwalten" als Talente. So preisen wir den Geber, er soll über ihnen und in ihnen groß sein. Den Lobpreis als Teil des Segnens dürfen wir im Zweifelsfall immer etwas größer ausfallen lassen.

Für die Kinder bitten in ihren Nöten, die oft auch unsere Nöte sind, und mit unseren Sorgen.

Die Kinder haben einen festen Platz in unserem elterlichen Gebet. Am Bett der Kinder für sie beten. Wenn sie schlafen, sich still zu ihnen setzen und ihre Not, auch unsere wechselseitigen Kommunikationsstörungen, Streitereien, tiefe Verletzungen Gott hinhalten und ihn um Schutz, Heilung und Befreiung bitten. Wir Eltern können uns anstrengen und unser Bestes geben, aber eine gute Erziehung können wir letztlich nicht machen. Wir sind zutiefst auf Gottes Gnade angewiesen, das lehren uns ungewollt unsere Kinder.

Segnung eines kranken Kindes

Die Sorge um ein Kind ist während einer Krankheit besonders groß. Durch die Segnung wird es der schützenden und heilenden Hand Gottes anvertraut. Durch die Handauflegung gewinnt dieser Segen eine besondere Ausdruckskraft und eine besondere Beziehung zu der Weise, in der Christus die Kinder gesegnet hat.

> *„Herr Jesus Christus, du bist gut zu den Menschen und hast viele Kranke geheilt. Segne unser krankes Kind N. N. und mache es wieder gesund. Lass es wieder froh werden und zunehmen an Gnade und Weisheit vor dir und den Menschen. Wir vertrauen auf deine Güte, der du lebst und herrschest in alle Ewigkeit."*[21]

Ein Segen sein

Unsere Kinder am gläubigen Umgang mit der Welt teilhaben lassen: Das kann das Bekreuzigen des neuen Brotes mit der Hand sein, bevor ich es das erste Mal in die Brotmaschine schiebe. Das kann ein Stoßgebet sein „Herr, sei Du diesem Ehepaar nahe. Es ist in Not.", das ich laut seufze, wenn ich von einem schwierigen Telefonat zurückkomme ins Wohnzimmer. So wird der Alltag durchsichtig auf Gott hin, so wird der Bogen von Not zu Lobpreis für die Kinder wahrnehmbar gespannt.
So machen die Kinder die Erfahrung im Umgang mit uns Eltern: das Segnen beginnt im Herzen, so ein Zuspruch geschieht im Verborgenen, aber auch in der direkten Begegnung. Dort kann Segnen auch mit Berühren verbunden sein. In der körperlichen Zuwendung verleiblicht sich unser Glaube, wird der ganze Mensch beteiligt, wenn wir einen anderen Menschen zu Gott bringen. Wir dürfen einander ein Segen sein. Schließlich zueinander im Abschied das nur noch landschaftlich gebräuchliche „Adieu" sagen: ad deum, Gott befohlen, lebe wohl, tschüs.

Christliche Familienkultur

Eine Checkliste aufgrund von Beobachtungen, wie Familien heute im Alltag mit Gott leben

- Wenn wir als Eltern den eigenen Glauben an Jesus Christus nicht offensiv vertreten, werden unsere Kinder von anderen in Besitz genommen und (nach menschlicher Wahrscheinlichkeit) nicht die Freiheit in Christus erfahren. Andererseits steigt in christlichen Familien manchmal die Furcht vor Isolierung in der Nachbarschaft, in der Gesellschaft auf, denn diese Familien leben alternativ zur Welt, eben in Gottes Ordnung.

- Kinder hören auf das, was wir leben, nicht auf das, was wir sagen. Das Glaubwürdigste ist das Vorbild. Wir müssen uns als Eltern immer wieder der Frage stellen: Lebe ich, was ich verkünde? Wir machen als Eltern keine Aufführung für Zuschauer, sondern schaffen eine primäre Welt (im Gegensatz zur virtuellen Welt). Die Kirche, die in den Familien erwacht, die Hauskirche ist Hoffnung in einer zunehmend glaubensfeindlichen Welt.

- Im Begriff Familienkultur steckt das Wort „kultivieren"; es bedeutet: bearbeiten, urbar machen, verfeinern, menschlicher machen, sorgsam pflegen. Ein Völkerkundler würde vielleicht in seinem Faszinationsatlas notieren: Lieblingsbeschäftigung dieser Gruppe von Ehepaaren mit einer überdurchschnittlichen Zahl von Kindern (kinderreich sind in Deutschland 6% der Ehepaare) ist das Gespräch mit ihrem „persönlichen Chef", was sie Gebet nennen, und das Umsetzen seiner Pläne; ihre Theologen sprechen von einem persönlichen, freudigen, entschiedenen Verhältnis zu Jesus Christus.

Seit 1985 habe ich als Leiter von Ehe- und Familienexerzitien von Gottes Geist durchwirktes Familienleben beobachtet und begleitet. Es ist eine bodenständige Spiritualität[22], denn der Alltag ist bei solchen Exerzitien in Gestalt des Ehepartners und der Kinder mit dabei. Solcher Familienurlaub wird oft zur Familienwerkstatt, und zugleich werden

Geschwister, eine Gemeinschaft von geistlich suchenden Familien hinzu geschenkt. Vieles des von mir bei Hausbesuchen Beobachteten könnte sofort auch anderswo umgesetzt werden.

Persönliche Checkliste

Es geht mir darum, Familien die Berufung zu eröffnen, aus der Freude und Kraft der Beziehung zum dreifaltigen Gott ihr persönliches Leben, Kirche und Gesellschaft zu gestalten.

Aus der Erfahrung unserer Kurse möchte ich einen methodischen Tipp geben: Legen Sie sich eine „Checkliste Familienkultur" an. Ein querliegendes A4-Blatt teilen Sie mit fünf senkrechten und drei waagrechten Strichen in gleich große Felder ein. Schreiben Sie in die Kopfzeile als Überschriften in Spalte zwei bis sechs die nachfolgenden fünf Überschriften, in die erste Spalte setzen Sie in die Zeilen zwei bis vier „Vollzug in Ordnung, Vollzug gelegentlich gelungen, unerledigt". Übertragen Sie die Anregungen dieses Artikels in die zutreffenden Felder, gewinnen Sie so ein Bild Ihrer Familie, ergänzen Sie um Ihre individuellen Formen und markieren Sie abschließend, was Sie sich als „Hausaufgabe"vornehmen bzw. ins Gebet nehmen wollen.

Christliche Familienkultur	Wohnung	Tag	Woche	Jahr	7-Jahresplan Lebensalter
In Ordnung					
Gelegentlich					
Fehlanzeige					
?! – bitte unterstreichen: das finde ich nachahmenswert, will ich probieren, pflegen.					

Religiöse Praxis muss in einer säkularisierten Gesellschaft und bei einer oft entchristlichten eigenen Familiengeschichte neu gewonnen werden. Der Wert alter Formen kann dabei neu entdeckt werden, oder neue Formen werden entwickelt (z. B. vom Herrgottswinkel zur Gebetsecke mit Gebetshockern).

Was hilft Eltern, ihre Berufung als Christen zu leben, darin zu wachsen und den Kindern zu helfen, dass sie ihre Berufung erkennen und ergreifen? Was hilft, als Familie zu einer Zelle des geistlichen Lebens zu werden? Das Folgende ist kein Leistungskatalog aus kirchenamtlichen Dokumenten, der vielleicht Aggressionen wecken könnte, sondern es sind Praxisbeobachtungen bei gottsuchenden und glaubensfrohen Ehepaaren und Familien mit Kindern und Jugendlichen. Die Erfahrungen zeigen, dass christliche Ehe lebbar ist. Ich bin äußerst dankbar, solchen Familien begegnen und an ihrem Leben teilnehmen zu dürfen.

Keiner verwirklicht alles, jeder geht seinen/ihren Weg. Ich berichte auf der Grundlage von Begegnungen mit zahlreichen Ehepaaren, die ihre Beziehung mit Gott gestalten und mit ihren Kindern christlich leben. Es sollen Anregungen sein, auszuprobieren, was in der eigenen Familie auf dem Weg hilft.

In Zusammenschau dieser Erfahrungen gibt es vielleicht so etwas wie heiliges Erschrecken: Es gibt sie wirklich, Heiligkeit heute. Spricht nicht Paulus die von ihm gegründeten Gemeinden an „Ihr Heiligen von …". Diese Summe von Lebenshilfen macht Hoffnung. Ich verstehe sie als kleine Senfkörner, die zu weitästigen Bäumen heranwachsen, in denen viele Vögel ihre Nester bauen können.

Es geht nicht zuerst darum, einzelne Übungen wie z. B. Familienandachten zu machen, sondern vorrangig ist es, einen christuszentrierten Lebensstil aufzubauen: den Kindern helfen, Gott zu lieben, als Jüngerin und Jünger zu leben. Es wird sichtbar: wir gehören Gott. Und dieser Gott liebt uns total.

Wir leben in Raum und Zeit. Daher sortiere ich die Erfahrungen nach Gestaltung der Wohnung bzw. des Hauses und entsprechend der Rhythmen unseres Lebens, der wiederkehrenden Wechsel von Tag, Woche, Jahr und dem weiten formgebenden Bogen von 7-Jahre-Rhythmen.

Wohnungsgestaltung
Hier wird der Lebensstil im Geiste Jesu sichtbar und eingeübt. Raum prägt, schafft Atmosphäre. Beispielsweise ist die Größe des Fernsehers und seine Position in der Wohnung oft ein Hinweis auf den Umgang mit diesem Medium in der Familie. In der Regel hat er im christlichen Milieu den Herrgottswinkel (mit Kreuz, Madonna, Blumen) ersetzt.
- Haussegen im Flur
- Ikonen, Bilder von den Großen der Kirchen, von den Namenspatronen der Familienmitglieder
- Taufkerzen der Kinder neben der Hochzeitskerze (z. B. auf dem Klavier)
- Trauungsurkunde statt im Stammbuch an der Wohnzimmerwand unter Glas (ist guter Anlass für missionarische Gespräche mit Besuchern)
- Spruchkarten am Spiegel, Küchenschrank, Schreibtisch
- Bildschirmschoner mit Text der Tageslosung
- Fensterschmuck im Kirchenjahr
- selbstgebastelter Christbaumschmuck mit christlichen Zeichen
- Palmzweige am Kreuz
- immerwährender Kalender mit den Geburts-, Tauf-, Namens-, Hochzeitstagen der Familienangehörigen und Freunde
- Biblischer Abreißkalender mit liturgischen Texten des Tages
- Aus jüdischer Tradition Mesusa (Bibelwort am Türpfosten) und Menora (7-armiger Leuchter)
- Weihwasserbecken
- Christliche Zeitschriften beim WC
- Was für Musik, Videos, Bücher stehen im Regal?
- Gebetsecke
- Kreuz oder Heiligenfigur im Vorgarten

Tagesrhythmus
Wie in einer Beziehung zu Freunden geht es auch in der Beziehung zu Gott darum, zusammen Zeit zu verbringen, still miteinander zu sein, einander seine Wertschätzung auszudrücken und seine Pläne mitzu-

teilen. Dies ist in unserer Gesellschaft beinahe ein archaisches Projekt, da es doch dem Gesetz der Effizienz widerspricht: Produktionssteigerung, Beschleunigung und Mobilität. Da gute Zeiteinteilung eine Quelle von Zeit ist, hilft Planung, dass Familie gelebt wird und weniger unter Zeit-Zerriss leidet.

- gemeinsame Mahlzeit als Familie
- gemeinsame Bibellesung vor dem Beginn des Frühstücks
- Segnen des Brotes vor dem Anschneiden
- Tischgebet vor den Mahlzeiten
- Tagzeitengebet, z. B. Engel des Herrn
- beschallungsfreie, medienfreie Zeiten; Stille als Voraussetzung zum Hören
- Stille Zeit als persönliche Gebetszeit mit Musik, Instrument, Bibel, Andachtsbuch, Stundenbuch etc.
- fürbittend für Familien als Zellen des geistlichen Lebens eintreten
- Tagebuch, was dich ermutigt und herausfordert, was dir Angst macht und was du dir erträumst
- sich mit Weihwasser segnen beim Verlassen des Hauses
- Kreuzzeichen vorm Umdrehen des Zündschlüssels im Auto
- Piepston der Armbanduhr wie Stundenglocke in Klöstern nutzen: erinnert werden, das Stundenwerk Gott zu übergeben
- miteinander Tee oder Wein trinken als Rahmen für ein tägliches gutes Gespräch
- Abendgebet und (gegenseitiges) Segnen als Teil des Gute-Nacht-Ritus mit den Kindern
- für kranke Kinder unter Handauflegung beten
- Revision de vie: Lebensbetrachtung und Versöhnung mit dem Ehepartner vor dem Einschlafen

Wochenrhythmus
- Ehe-Abend. Kinder dürfen/müssen wissen, dass Eltern in ihre Paarbeziehung investieren und ihre Treue pflegen. Dies ist wesentlichstes Vorbild für die Entwicklung der Jugendlichen mit Blick auf Standeswahl, dies ist Teil der Einführung in die Geheimnisse von Leben und

Lieben. Ein Abend in der Woche gehört dem persönlichen Austausch im Ehepaar.
- Sich gegenseitig einen Brief in Liebe schreiben. Diese Methode des Dialogs als Ausdruck eines Lebensstiles der Intimität.
- Jeden Freitag den Ehepartner loben nach dem Vorbild der jüdischen Schabbat-Feier: Der Ehemann lobt seine Frau mit Spr 31,10-31, die Ehefrau lobt ihren Mann mit Ps 112.
- Stille Zeit zu zweit: Ehegebet ist besonders empfehlenswert. Während in den USA jede zweite nur standesamtlich geschlossene Ehe geschieden wird, werden nur zwei Prozent der an einem christlichen Sonntagsgottesdienst teilnehmenden Ehepaare geschieden. Und nur 1 von 1429 Ehepaaren, die miteinander beten, lässt sich scheiden.
- Familiennachmittag mit Spielen, Gesprächen je nach Alter
- Gespräch mit Jugendlichen, Familienrat
- Familien-Hausgottesdienst, Familienandacht
- Sonntagsheiligung, Familiengottesdienst und Sonntagskultur
- Anbetungsstunde
- Eltern bzw. Großeltern besuchen
- Mit den eigenen Gaben und Fähigkeiten zum Aufbau der Gemeinde/Kirche etwas beitragen, z. B. durch Mitarbeit in der Sakramentenpastoral oder einer Geistlichen Bewegung, Kirchenchor, Kindergruppen.
- Den zehnten Teil meiner Zeit für Gebet, die Ausbreitung des Evangeliums und für soziale Dienste (das sind 16,8 Stunden jede Woche). Die Absicht der biblischen Empfehlung, den Zehnten zu geben, trifft westliche, im relativen Wohlstand lebende Menschen bei der Zeiteinteilung mehr als beim Geld.
- Gemeinsames Fasten am Mittwoch oder Freitag
- Miteinander etwas tun, z. B. tanzen oder joggen als Ehepaar
- Vorlesen und lesen von Romanen über Vorbilder im Glaubensleben
- Gastfreundschaft
- Ehepaarhauskreis: geschwisterliche Verbindlichkeit mit anderen suchenden Paaren, Hilfe zur Entscheidungsklärung für die Dinge des Familienalltags.

Jahreskreis

- Abgrenzung gegen Negativeinflüsse. „Familiärer Virencheck" zum Mediengebrauch, Bedeutung von Konsummarken, Sammelleidenschaft, Zeitverplanung bei den Jüngsten.
- Religiöses Brauchtum: z. B. in Advent- und Fastenzeit, Krippen- und Weggestaltung in der Karwoche, Wohnungssegnung am Dreikönigsfest, Wallfahrt.
- Bekenntnismarsch für Jesus, am ökumenischen Jesus-Tag in Berlin und in katholischen Pfarrgemeinden bei der Fronleichnamsprozession.
- Natur wahrnehmen als Schöpfung Gottes.
- Rosenkranz beten bei langen Autofahrten.
- Vor Weihnachten gemeinsam sinnvolle Geschenke aus den Katalogen von über 150 christlichen Verlagen aussuchen: Bücher, Tonträger, Videos, Kuscheltiere, Handspielpuppen, Spiele, CD-Rom, Kalender, T-Shirts.
- In den Tagen nach Weihnachten: innehalten, Jahresauswertung mittels altem Kalender, Familien-Jahresplanung, persönliche Planung im Rahmen des eigenen Siebenjahresplanes überprüfen. Sich selber immer mehr der eigenen Lebensmelodie, des Lebensbildes, des Zieles, der Vision bewusst werden.
- Jahresbrief an die Freunde der Familie.
- In kinderreichen Familien sind exklusive ein Eltern-ein Kind-Unternehmungen wichtig: z. B. Stadtbummel, Schwimmen, Kajakfahren, Vater-Sohn-Wochenende, Mutter-Tochter-Wochenende.
- Ehepaarwochenende.
- Exerzitien.
- Geistliche Familienerholung.
- Kinderbibelwoche, missionarisches Zeltlager, Kontakt mit gleichaltrigen Jugendlichen (peer group).
- Einführung in die Gemeinde am Ort, was in Taufe, Erstkommunion und Firmung gemeinsam gefeiert wird.
- Tauffest über drei Tage: mit den weit entfernt wohnenden Familienangehörigen ein Wochenende in einem Bildungshaus oder Hotel ge-

meinsam leben, mit Katechese zu den Taufsymbolen und zum Namenspatron des Taufkindes.
- Glaubensweiterbildung.
- Namenstag.
- Hochzeitstag.
- Den Zehnten unseres Einkommens für den Dienst an den Armen, für die Evangelisation, für den Aufbau lebendiger Kirche geben; nicht in Furcht vor Verlust und in Gier nach Gewinn leben, gelöst sein.
- Geistliche Begleitung in Anspruch nehmen.
- Beichten, als familiäre Gemeinschaftsaktion, z. B. bei verschiedenen Priestern eines Konventes.
- Gebet für verstorbene Familienangehörige, z. B. mit Friedhofsbesuch an Allerheiligen.

Siebenjahresplan und Lebensalter
Im Beruf sind wir es vielfach gewohnt, langfristig zu planen. Unsere meisten Körperzellen erneuern sich alle sieben Jahre. Was soll sich in solchen Zyklen im geistlichen Leben wandeln?
- Berufliches Ziel.
- Besondere Berufung herausarbeiten: Was ist Gottes Plan für mich?
- Familienplanung im Hören auf Gott.
- Namensgebung der Kinder nach Beschäftigung mit Vorbildern im Glauben.
- Geburtsanzeige als Glaubenszeugnis gestalten.
- Jüngerschaftsschulung (5 Monate für die jungen Erwachsenen).
- Jahreseinsatz für junge Erwachsene, z. B. „Freiwilliges Soziales Jahr" oder im Ausland „Missionar auf Zeit".
- Elternschule (28 Kurstage in zwei Jahren).
- Schabbat-Jahr: Ausstieg aus dem Beruf, um geistlich intensiver voranzugehen.
- Berufs- und Ortswechsel, Hausverkauf, um besser missionarisch tätig sein zu können.
- Beten für Schwiegerkinder, auch wenn sie noch nicht bekannt sind.

- Beten für „missionarische Enkelkinder", den geistlichen Weg der Enkelkinder.
- Wachsen in der Identität als geliebtes Kind Gottes.
- Annahme von körperlichen Gebrechen und anderen schmerzlichen Ereignissen als Impuls zur Reifung in der Familie.
- Annahme eines behinderten Kindes.
- Werden wie der Vater (Lk 15).
- Auf den Spuren Jesu gehen lernen, was buchstäblich auch eine Pilgerfahrt mit den Kindern ab zehn Jahren im Heiligen Land bedeuten kann; so wird befestigt, was die Familie im Alltag praktiziert. Die gemeinsame Teilnahme an einer jüdischen Feier der Aufnahme der 12/13-Jährigen in die Gemeinde (bar mizwa, bat mizwa) kann dabei ein besonderes Erlebnis sein.
- Gestaltung von Todesanzeigen als Zeugnis der Hoffnung auf Auferstehung, dass wir als Hinterbliebene auf dem Weg zur Heimat im Himmel sind (Phil 3,20).

Manches aus den vorgenannten Rhythmen wird uns länger als Anruf oder Aufgabe beschäftigen und dürfen wir im Vertrauen auf Gottes Barmherzigkeit mit in diese langfristige Planung hineinnehmen, um uns immer wieder zu erinnern.

Füreinander Gabe werden

Es ist vielfach empirisch belegt, dass eine überdurchschnittliche Religiosität überdurchschnittliche „Psychohygienewerte" ergibt: Der Glaube an einen gütigen Gott geht mit einem höheren Grad an seelischer Gesundheit einher, erleichtert die Bewältigung von Stress, Kummer, Verlust und Lebenskrisen und beschleunigt Genesungsprozesse; die Gläubigen konsumieren weitaus weniger Drogen und Alkohol als die Nicht-Gläubigen, begehen weniger Selbstmorde, haben niedrige Scheidungsraten und sie leben ihre eheliche Sexualität beglückender.

In christlichen Familien erfahren wir neben dem Licht auch Schatten. Wir sehnen uns nach gelingender Kommunikation, nach Einheit, Kommunion miteinander. Und sie ist uns verheißen, Jesus Christus hat selber für uns darum den Vater gebeten. Heil und Zerbruch sind oft zeitgleich in unserer Mitte. Ich möchte abschließend ermutigen, uns auch auf unsere Gebrochenheit einzustellen, Leiden anzunehmen, es zu durchleben, sich mit ihm auszusöhnen. Gerade in einer kleinen Gemeinschaft, hier in der Familie, können wir einander helfen, unsere Gebrochenheit als Tor zur Freude zu erschließen und sie unter den Segen Gottes zu stellen. So können wir zur Gabe füreinander werden. Teilen wir so das Leben miteinander, werden wir zur Nahrung füreinander. Vertrauen wir Gott und bauen wir auf seine uns umfassende Liebe.

Eltern als Glaubenstrainer
Der neue Weg christlicher Erziehung – Bericht aus der Elternschule

Die Elternschule ist eine Glaubens- und Lebensschule, die sechs Kurseinheiten (Bausteine) umfasst: 30 Kurstage, während der Schulferien und an vier Wochenenden in einem Zeitraum von zwei Jahren.
Die zweijährige Elternschule befähigt Eltern, ihren Kindern bessere Begleiter auf dem Lebensweg zu sein (elterliche Kompetenz) und anderen Eltern auf dem Weg christlicher Erziehung beizustehen (elterliches Engagement). Die Elternschule steht im Zusammenhang mit einer familienintegrativen Exerzitienarbeit, die darauf gerichtet ist: bei Ehepaaren geistliche Prozesse zu initiieren und zu begleiten; den Kindern altersgemäß ein herzliches Verhältnis zu Jesus Christus zu vermitteln; Familienkohäsion und Familienkommunikation zu stärken; diese Vermittlung ist in Kooperation von Referenten im Erwachsenenprogramm, Gruppenleitern der altersdifferenzierten Kinder- und Jugendarbeit (vier Gruppen) und in Zusammenarbeit mit den Eltern zu leisten.

Anlass und Ziel

Sprach man vor einigen Jahren in der Presse noch vom Wertewandel, so redet man heute bereits vom Werteverlust. Was führte zu dieser Entwicklung?

Der autoritäre Erziehungsstil, dem Kinder ausgesetzt waren und der sie zu Jasagern machte, wurde von der 68er-Generation bekämpft mit der Forderung: Eltern dürften ihre Kinder in den wichtigsten Lebensfragen nicht beeinflussen. Zu Glaube und Religion, oder welche Freunde und welche Vorbilder sie haben, was sie in der Freizeit tun, nach welchen Maßstäben sie sich verhalten, insbesondere wie sie Sexualität leben. Es wurde propagiert, das richtige Leben sei ungebändigter Individualismus.

Der Wertewandel in unserer Gesellschaft zeigte sich zuerst in großer Orientierungslosigkeit bei Eltern und beruflichen Erziehern. Statt umfassend zu informieren über Positives und Negatives, wurde von Intellektuellen als wichtigste Aufgabe postuliert, kritisch misstrauisch alles zu entlarven. Auch die Kinder wurden angehalten, ihre Eltern zu kritisieren. Dadurch wurde das Vertrauen brüchig und mitunter verschwand es sogar. Ohne vertrauensvolle Bindung kann keine Familie und keine Gesellschaft existieren. Mit der Zeit kam es zum Wertverlust. Die Früchte ernten wir jetzt.

Fast gleichzeitig wuchsen in allen christlichen Kirchen Erneuerungsbewegungen. Der Heilige Geist schenkte Neubeginn. Christen und auch Nichtgetaufte entdeckten die Quellen des Glaubens und leben nun in einer persönlichen Beziehung zum lebendigen Gott, der unser ganzes Leben prägt. Dafür sind wir dankbar.

Auf diesem knapp dargestellten Hintergrund befähigen wir mit der Elternschule Eltern,

a) ihren Kindern bessere Begleiter auf dem Lebensweg zu sein und
b) anderen Eltern auf dem Weg christlicher Erziehung beizustehen.

Voraussetzung für die Teilnahme
– Als Eltern mit Kindern den Alltag leben.
– Teilnahme an einem Glaubensseminar zur Einführung in die christliche Grunderfahrung.
– Vorbereitungsgespräch.

Bausteine

A: Kommunikation
Es geht darum, die Sprache der Liebe zu lernen. Wir lernen sprechen, weil wir hören, dass wir angesprochen werden. So wird neben den wichtigsten Kommunikationsregeln ein besonderer Schwerpunkt unsere Herkunftsfamilie sein – wie wir dort angesprochen wurden und ob wir gemeint waren, wenn wir angesprochen wurden. Letzteres kann bis in die eheliche Beziehung belasten und wirkt in die Eltern-Kind-Beziehung hinein. Aussöhnung mit den eigenen Eltern wird einen breiten Raum einnehmen. Sie ebnet den Weg, dass ich mich selbst annehmen kann und meine Kinder als besondere Gabe Gottes sehen kann.

B: Anvertrautes hüten und reifen lassen
Aus Kindern werden Leute. Wissen ist nicht alles. Aber die Kenntnis psychologischer Entwicklungsphasen, der Chancen und Gefährdungen in jedem Entwicklungsabschnitt kann erzieherisches Handeln effektiver machen. Sie hilft uns, Wichtiges nicht zu versäumen, und lässt uns durch Wahrnehmen von Symptomen Störungen beim Kind rasch erkennen sowie eigenes Fehlverhalten reflektieren und ändern. Wir befassen uns mit den christlichen Erziehungszielen und suchen Wege, wie diese erreicht werden können (Erziehungsstile). Wir werden verschiedene psychologische Theorien kritisch würdigen und vor allem das dahinter stehende Menschenbild aufzeigen.

C: Gewissen
Das an Christus ausgerichtete Gewissen ist uns Maßstab und Orientierung für das Handeln. In dieser Einheit geht es um die Anlage des Ge-

wissens, wie es sich entfaltet und wie es geschärft wird. Welchen Einflüssen ist unser Gewissen ständig ausgesetzt durch heimliche Miterzieher in Schule und Medienwelt? Wir werden uns fragen, welche Bedeutung der Mitmensch für meine Persönlichkeitsreifung hat, welche Bedeutung insbesondere der Vater bei der Gewissensentwicklung hat. Schließlich wird uns die Frage der geschlechtlichen Identität beschäftigen.

D: Auf dem Weg in die Freiheit
Freiheit ist ein missverstandener und missbrauchter Begriff. Wir werden herausarbeiten, ob religiöse Bindung ein Weg in die Knechtschaft oder aus ihr heraus sein kann. Die Fragen „Lebe ich, was ich verkünde?" und „Benutze ich religiöse Aussagen, um Kinder zu manipulieren?" werden uns beschäftigen.

E: Der Weg durch das Sterben zur Auferstehung
Der Weg jeder Beziehung und erst recht der Weg in der Kindschaft Gottes ist ohne Kreuz und Sterben nicht möglich. Das Leben in Fülle erreichen wir nicht ohne Leiden und Schmerz. Leiden und Tod können Grund zur Verzweiflung und Chance zu Hoffnung und Wachstum sein. Wir werden uns über verschiedene Heilslehren (Sekten, New Age), die Glück versprechen und das Kreuz ausklammern, informieren und ihnen gegenüber aufzeigen, wie wir unseren Glauben feiern.

F: Ich habe dich bei deinem Namen gerufen. Du bist mein.
In dieser Einheit werden wir die verschiedenen geistlichen Entwicklungsstufen aufzeigen und uns mit unserer Berufung auseinandersetzen, insbesondere wie ich meine persönliche Berufung erkennen kann. Zum Schluss geht es um die Möglichkeiten und Grenzen von Therapien und Beratung.

Themen

Da die Elternschule erfahrungsorientiert ist, sind die nachfolgend genannten Vortragsthemen wesentlich ergänzt durch Paar- und Gruppenübungen, Einzelarbeit, Gebet, Gottesdienst, Hausaufgaben als Training zur Integration der Elternschule in den Alltag, Regionalgruppen zum Praxisgespräch und die Möglichkeit, durch Mitarbeit in einem der Ehe- oder Familienseminare im Familienzentrum praktische Erfahrungen in der Vermittlung zu machen. Zum Abschluss wurde jedem eine Teilnahmebestätigung ausgestellt, die schmunzelnd „Erziehungsführerschein" genannt wurde.

- Kinder sind eine Gabe Gottes
- Weißt du, wer du bist?
- Die Person herausleben: Erziehung – Autorität – Gehorsam
- Aussöhnung mit den Eltern
- Die Heilung der lebensgeschichtlichen Traumen durch die persönliche Annahme der Liebe Gottes
- Vergebung empfangen und geben
- Wahrhaftig werden
- Die Sprache der Liebe lernen
- Ausdrucksformen der Liebe
- Entwicklungsstufen nach E. H. Erikson
- Psychologische Theorien und christliches Menschenbild
- Die Bedeutung des Vaters für die geschlechtliche Identität des Kindes
- Die Entwicklung des Gewissens
- Einfluss der Medien und Umgang mit ihnen
- Strategien zur Lebensbewältigung. Tugenden
- Umgang mit Gefühlen
- Religiöse Entwicklung des Menschen
- Pädagogische Weitergabe des Glaubens. Religionsunterricht und Gemeindekatechese
- Berufung
- Woran kann ich Sekten erkennen? (Missbrauch von Autorität, Geistlicher Missbrauch)

- Verhärtete Verhaltensmuster (Wurzelsünden)
- Umgang mit Leid
- Das Kreuz tragen
- Möglichkeiten und Grenzen von Therapien, Beratung und Begleitung

Teilnehmer-Rückmeldungen
Als Eltern von fünf Kindern und als Mitarbeiter in der Kinder- und Jugendarbeit unserer Pfarrei stand der Entschluss schnell, an der Elternschule teilzunehmen. Wir wurden in diesen zwei Jahren reich belohnt. Zuerst stellten wir uns darauf ein, viel Neues und Praktisches für die Erziehung unserer Kinder „geboten" zu bekommen. Wir merkten bald, dass diese Elternschule ein Workshop, also ein „Arbeitsladen" im wahrsten Sinne des Wortes war. Es war und ist eine Arbeit an mir, an uns als Eltern. Nur wenn wir an uns, an unserem Leben, an unseren festgefahrenen Mustern arbeiten, kann sich das positiv auf unsere Erziehung auswirken. Das war und ist die wichtigste Erfahrung für mich in diesen zwei intensiven Jahren. All die Mitschriften, die Kassetten mit den Vorträgen, die Gespräche in den Gruppen und die Gespräche mit verschiedenen Teilnehmern lassen mich erahnen, welchen Schatz wir von diesen zwei Jahren mitnehmen.
Wir als Ehepaar wurden zu Paargesprächen angeregt, über Themen uns auszutauschen, an die wir uns ohne Anleitung nicht unbedingt herangewagt hätten. Auch eine wichtige Erfahrung für mich ist die Zeit, die mir während dieser Kurse geschenkt wurde: Zeit für mich, die ich mir zu Hause im Alltag nicht nehme und oft auch nicht gönne.
Die Arbeit, bei sich zu bleiben, Dinge anzuschauen und zu erkennen, ist auch manchmal sehr anstrengend und so kam es, dass wir oft total geschafft wieder zu Hause ankamen, mit einem Koffer voller Vorsätze und Ideen. Die Hausaufgaben waren für mich wichtig, um am Ball zu bleiben.
Für mich persönlich war das Thema „Leid" sehr wichtig. Hier entdeckte ich einen wichtigen Ansatzpunkt für mich, um an mir, an meinen Lebensinhalten zu arbeiten.

Ganz wichtig für mich war, dass Gott immer der Mittelpunkt in all den Vorträgen, dem Miteinander war. Die heilende Kraft war spürbar, sonst müsste ich nach den zwei Jahren verzweifeln, weil mir viele falsche Haltungen, Inkonsequenzen, Ängste und Fehler bewusst werden. Es ist ein großer Trost für mich, mit der Gnade des Heiligen Geistes wachsen zu dürfen.

Die Freude, mit der unsere Kinder mit zur Elternschule gefahren sind, ist beinahe unbeschreiblich. Auch sie durften wachsen in der Gemeinschaft mit Gleichaltrigen und Gleichgesinnten.

Mutter, 44 Jahre, fünf Kinder

In der Entscheidung eher zögernd, bin ich sehr froh, mich zur Elternschule entschlossen zu haben. Jetzt habe ich besser begriffen, dass die Erziehung unserer Kinder ganz viel mit der eigenen Erziehung zu tun hat, und dass die Versöhnung mit den eigenen Grenzen und den daraus resultierenden Fehlern ganz wichtig ist als Ausgangspunkt für dauerhafte Veränderungen.

Diese Schule ist mit dem letzten Kurs nicht zu Ende, sondern die Art und Weise, sich selbst und andere zu erziehen, braucht ein ganzes Leben.

Vater, 46 Jahre, fünf Kinder

Viele Themen, die in der Elternschule angesprochen wurden, arbeiten noch in uns und wirken nach. Das erschwert es uns, diesen Bericht zu schreiben. Wir spüren Entwicklungen und Veränderungen, Ansätze für ein Leben aus dem Glauben – unausgereift, Worte würden zerstören. Dank ist angebracht:

„Danke Gott Vater im Himmel, dass wir an diesem Ort sein durften. Danke für Begegnungen mit Referenten und Teilnehmern, für gehaltvolle Vorträge und die Vermittlung der Barmherzigkeit und Güte Gottes in Christus Jesus, unserem Herrn, der uns heilt, unser Unfertiges erträgt und heiligt."

Die Kurzbeschreibung zur Elternschule sprach uns an, denn der Begriff „Werteverlust" umschreibt treffend, wie wir unser Wohnumfeld in der Großstadt erleben. Die unterschiedlichen „Werte" ringsum verunsichern uns im Zusammenleben und unserem erzieherischen Mühen. So fuhren wir voll Spannung und mit vielen Fragen, auf die wir Antwort erhofften, zum ersten Kursteil nach Heiligenbrunn, und wurden erst einmal mit uns selbst und unserer Herkunftsfamilie konfrontiert. Begleitet mit Gebet um den Heiligen Geist gingen wir allein aber nicht alleingelassen in die Stille, bereit, Prägungen, Bilder, Gefühle aus der Kindheit hochkommen zu lassen. Dankbar erinnere ich mich an die Tiefe der Eucharistiefeier, in der wir den Verlust und Schmerz vergangener Kindheitstage, aber eben auch die Aussage „ich ehre dich, Mutter, ich ehre dich, Vater, für das Leben, das ihr mir geschenkt habt", an den Altar bringen durften; dass aus Vergeben und Versöhnen Liebe und Segen Gottes strömen können. Schon hier möchte ich einfügen, was ich erst nach und nach begriff, dass vertrauensvolle Beter für uns Heil und Segen erbaten.

Die Ausführungen über das christliche Menschenbild zeigten klar die Elternaufgabe: Du mein Kind bist mir von Gott gegebenes Geschenk und dein Vater ist im Himmel. Die darauf aufbauenden erzieherischen Themen gaben uns, insbesondere durch konkrete Antworten auf Zwischenfragen, Sicherheit und Orientierung im erzieherischen Alltag.

Vor allem wurden wir herausgefordert, Vorbild für unsere Kinder zu sein, Modell, an dem sie lernen können. Diese Impulse zur persönlichen (Nach-)Reifung und Selbstdisziplin wurden ganz erheblich gestützt durch die geistliche Begleitung und im späteren auch durch den Austausch in Regionalgruppen. Wir beschäftigten uns auch zwischen den Kurseinheiten mit den Themen. Wir übten Gesprächsformen mit dem Partner, den Kindern und probierten Gebetsformen aus als Ehepaar und mit den Kindern. Dies war gut möglich, weil wir eben alle gemeinsam dieses Stück Weg gingen. Nie hätten wir uns durch Erzählen so verständlich machen können wie durch die gemeinsam erlebten und durchlebten Familienexerzitien.

Im Alltag war das Wissen tröstlich, dass es an verschiedenen Orten Eltern gibt, die sich in ähnlicher Weise mühen, ihren Kindern Orientierung im Glauben und persönliche Wertschätzung gegründet in der Liebe Gottes zu vermitteln.

Viele Fragen sind nicht beantwortet, neue Fragen sind dazugekommen in der Auseinandersetzung mit dem Gehörten. Es werden noch mehr Fragen schon zwangsläufig durch die Entwicklung unserer Kinder hinzukommen. Doch der „Kick in die richtige Richtung" auf einen guten Weg wurde durch die Impulse und Vorträge ausgelöst, in Gruppen- und Ehegesprächen bedacht und vor allem in Gebet und Eucharistiefeier vor Gott gebracht. Das gibt Mut und Zuversicht. So war die Elternschule für uns eine Zeit der Reifung und ein Wertschätzen lernen von Ehe und Familie als Geschenk Gottes. Wir können nicht sagen, dass wir „wandeln im Licht Christi", aber den Lichtstrahl erkennen wir. Und wir bemühen uns, auf diesem Weg zu gehen.

Eltern, 46 und 47 Jahre, drei Kinder

Wir haben diese Elternschule mitgemacht aus der schmerzhaften Erfahrung, wie sich Fehler in der Erziehung auswirken. Für uns sind die Wirkungen trotz fortgeschrittenen Alters der vier Kinder (15 bis 30 Jahre) deutlich spürbar. Rückmeldungen vor allem der beiden Jüngeren zeigen uns dies deutlich. Die stärkste Auswirkung der Elternschule spüre ich in Bezug auf meine eigenen Eltern. Es ist eine große Achtung entstanden, was ihre Bemühungen um uns betrifft, trotz Mangel an Mitteln und Wissen. So empfingen wir schon von daher eine große Entlastung bei uns.

Ehepaar, 50 und 61 Jahre, vier Kinder

Es ist schon ein komisches Gefühl, in den „Urlaub" zu fahren und eine Elternschule zu besuchen. Der Verstand sagt mir: „Es ist gut, dass du bzw. wir als Ehepaar bereit sind, uns in Sachen Eltern schulen zu lassen". Ziemlich gut vorbereitet durch unsere drei Kinder, aber ansonsten ohne Vorbelastung, fahre ich zum ersten Teil der Elternschule. Zum Ankommen wird draußen auf der großen Wiese mit allen ein großer Kreis gebildet und werden miteinander Willkommenslieder gesungen und damit das erste Beschnuppern untereinander verbunden. Ein schöner Einstieg. So kann es weitergehen, denke ich. Und es geht so weiter. Die Kinder werden in Gruppen Gleichaltriger eingeteilt und husch husch stehen die Erwachsenen plötzlich ohne Kinder da. Dann wird zur ersten offiziellen Erwachsenenrunde gebeten. Nach einem weiteren Willkommenslied, in dem wir Christus in unsere Mitte hineinnehmen, stellen sich die Teilnehmer und die Referenten vor.

Was wir besonders genießen, dass wir jeden Vormittag und auch jeden Abend ohne Kinder sind, weil sie in dieser Zeit betreut und mit geistlichen Themen berührt werden. Das finde ich sehr gut, dass die Kinder merken: „Papa und Mama glauben nicht allein an Gott, sondern viele andere auch und auch Kinder in meinem Alter".

Zur Vertiefung diente auch ein „Wüstentag", an dem ich allein und aller Sorgen ledig durch die Gegend ging und über Gott und die Welt und ein paar Geschichten, die wir als Impuls mitbekommen haben, nachdachte.

Abends, meist erst ab 22.00 Uhr, versammeln sich die Eltern im Hopfenkeller, dem gemütlichen Abendtreff, um den Tag ausklingen zu lassen. Die Stimmung ist harmonisch bis ausgelassen, einfach gut. Die ganze Elternschule mit den ca. 100 Teilnehmern und Mitarbeitern läuft sehr gut. Das zeigt sich auch beim gemeinsamen Ein- und Abdecken der Tische, dem Spüldienst, den vielen Gesprächen und dem guten Miteinander. Alle zusammen sind eine große Familie, so kommt es mir vor.

Vater, 42 Jahre, drei Kinder

Um es gleich zu sagen, ich kann keine Erfolgsstory schreiben. Nicht etwa, dass es an der Lehrkraft läge (bei weitem nicht), nein, es ist eben bei jeder Schule: Ohne Fleiß kein Preis. Unsere Hausaufgaben berührten meistens Schwachstellen, denen ich gerne ausweiche, und so erfordern sie von mir viel Kraft und Disziplin, wenn ich sie denn gemacht habe. Also: eine typische Durchschnittsschülerin.

Gute „Erfolgschancen für den weiteren Lebensweg" sehe ich dagegen in all dem, was die Referentin immer wieder betonte: „Das geht nicht gleich, das ist ein langer Prozess." Ja, da bin ich voll dabei. Ich sehe, dass mich in diesen zwei Jahren viele kleine Schritte auf dem Weg weiterführten und unsere Familie verändern. Häufig haben mich einzelne Fragen wachgerüttelt, dass sie mich lange begleiteten, z. B.: Kann ich mich ganz auf meine Kinder einlassen? Es kommt mir vor, als sei ich für meinen Weg mit einem großen vollen Proviantkorb ausgestattet worden. Sehr bestärkend erlebte ich die Gemeinschaft mit den anderen Familien, nicht nur „Ach, denen geht's genauso", sondern vielmehr „Andere versuchen es auch" und geben nicht auf bzw. geben sich nicht mit billigen Lösungen zufrieden. Das macht mir sehr viel Mut, und ich staune über die große Verbundenheit miteinander. Auf keinen Fall will ich vergessen, dass dieser Weg ohne die beherzte Kinderbetreuung gar nicht begonnen hätte.

Mutter, 37 Jahre, drei Kinder

Im Lande Jesu als Familie
Eine Pilgerreise

Leitend bei der Ausarbeitung dieser Reisen ist die Idee, Familien mit Kindern ab zehn Jahren das gemeinsame Erleben auf den Spuren Jesu zu ermöglichen. Bei Pilgerfahrten im Heiligen Land klingen biblische Texte und Landschaft zusammen. Dabei kann uns tiefer aufgehen, dass Gott gegenwärtig ist und wer wir sind in seiner Gegenwart. Wir sind eingeladen, als Familien einander Weggefährten zu sein und uns gegenseitig zu ermutigen, Jesus Christus zu folgen. So werden wir als Familien immer mehr Zellen des Lebens aus dem Hl. Geist, Hauskirchen.

Da im Heiligen Land die Religionen und Konfessionen in großer Nähe zueinander leben, haben wir zugleich die Möglichkeit, in persönlichen Begegnungen Juden und verschiedene christliche Kirchen kennenzulernen.

Ein Vorbereitungstreffen, das wir wegen unseres großen Einzugsbereiches (deutscher Sprachraum) als Familienwochenende durchführen, hatte neben technischen Informationen zur Reise folgende thematische Einheiten: Feier des Schabbat und Information über seine Bedeutung; religiöse Erziehung in der Familie zu biblischer Zeit und bei Juden heute; Verhältnis von Judentum und Christentum; Feste im jüdischen und christlichen Jahreskreis; Feier von Chanukka; Tanzen wie in Israel; christliche Familienkultur. Erlebniselemente wurden ge-

meinschaftlich von Eltern und Kindern durchgeführt, Vorträge wurden nur den Eltern angeboten bei einem parallelen Programm für die Kinder.
Wir führten die Reise jeweils in den Weihnachtsferien durch, da zu dieser Zeit die meisten Bundesländer Schulferien haben, etwa vom 2. Weihnachtstag bis Dreikönige. Teilgenommen haben jeweils ca. 40 Personen, davon knapp die Hälfte Kinder und Jugendliche.

Verlauf
Wir haben vier bis fünf Übernachtungen in Galiläa, fünf Übernachtungen in Jerusalem und zwei Übernachtungen am Toten Meer. Jeder Tag wird mit einer Abendrunde beschlossen: Tagesrückblick und Gebet mit allen Teilnehmerinnen und Teilnehmern. Im Vordergrund steht der Besuch der Orte, an denen der Überlieferung nach Jesus gewirkt hat. Dies wird aktualisiert z. B. durch den Besuch in einem Freilichtmuseum (Kfar Kedem nahe Tzippori), in dem u. a. miteinander Korn gemahlen und Brot gebacken wird wie zur Zeit Jesu.
Dazu kommen Begegnungen mit Juden: z. B. im Pioniermuseum im Kibbuz If' at mit Informationen über die Siedlerzeit, im Kibbuz Lavi über die Glaubenspraxis der Juden heute, Teilnahme an einer Bar Mizwa-Feier an der Klagemauer und Besuch eines Synagogen-Gottesdienstes am Schabbat. Begegnungen mit Arabern haben wir z. B. in Nazaret mit Vertretern der lateinischen Gemeinde und in Betlehem mit Vertretern der lutherischen Gemeinde. Manchmal ergeben sich auch längere Gespräche mit Vertretern anderer Gruppen. Einige Wanderungen sollten nicht fehlen: auf den Spuren von Kreuzrittern wie in der Burg Qal' at Ninrud oder in Akko, zum Banias-Wasserfall, über die Stadtmauer um die Jerusalemer Altstadt, durch das Wadi Kelt zum herodianischen Jericho.

Nachbereitung
Die Nachbereitung geschieht an einem Halbtag, der wie die Vorbereitung mit einem Familienwochenende verbunden ist. So kann jeder entsprechend der Entfernung zum Familienzentrum entscheiden, sich auf

die Anreise zum Halbtag zu beschränken, oder die Möglichkeit nutzen, damit ein gemeinsames Wochenende „Christlich erziehen" zu verbinden.
Angesichts des von Pluralität und Wertezerfall bzw. Bindungslosigkeit geprägten Erziehungsumfeldes geht es um Eckpfeiler im christlichen Glauben. Das Erleben des Heiligen Landes bringt uns die Botschaft Jesu sinnenhaft nahe. Dies entspricht auch der Grundausrichtung von Familien mit Christus als Veranstalter, Ehepaare zu ermutigen, aus der persönlichen Beziehung zu Jesus Christus Ehe und Familie zu gestalten und für andere zu Zellen geistlichen Lebens zu werden.

Der sichere Rahmen meines Lebens
Eine Symbolpredigt

Mein Name ist Kleinrahm. Dieser kleine Rahmen ist für mich ein Zeichen von Familienleben, ein Symbol für den Alltag. Zur Last des Alltags habe ich nicht immer solch einen Abstand wie hier. Der „tägliche Kleinkrieg" nimmt uns gefangen. Die Technik am Arbeitsplatz läuft nicht immer so, wie wir es wünschen, und dann kommen uns auch noch Menschen quer. Wir reiben uns an den Realitäten, an denen wir uns aber auch gut festhalten können.

Der Rahmen unseres Alltags ist klein, auch wenn wir vielleicht großartige Dinge schaffen dürfen: Kinder zeugen und erziehen, Computer entwickeln, Menschen dienen, oder in meinem Beruf geistliche Prozesse bei Ehepaaren initiieren und begleiten. Der kleine Rahmen unseres Alltags grenzt einen jeden von uns ein. Wo ist da die Bewegungsfreiheit für uns, für unsere Seele? Wir scheuern uns manchmal wund an ihm und freuen uns dann auf die Ferien, weil wir hoffen, aus dem Rahmen springen zu können oder zumindest wieder die Mitte zwischen den Reibungsflächen zu finden. Es mag auch sein, dass wir in dem Rahmen des Alltags verrutschen: dann haben wir ein Brett vorm Kopf.

Es gibt aber auch Zeiten, in denen unser wohlgezimmerter Rahmen aus dem Leim gerät, so zum Beispiel: Da wird ein Verwandter todkrank, ein Kind geht für uns Eltern schmerzliche Wege, der Ehegatte kündigt die Treue auf, wir selbst werden arbeitslos. Erinnere dich bitte, was dich einmal aus den Fugen gebracht hat. Einzelnen ist vielleicht zum Klagen: „Herr, in unserer Mitte ist Unrecht. Ich fühle mich ausgeliefert an Menschen, die mich verfolgen, mir übel nachreden. Ich lebe getrennt von denen, die ich ehedem liebte. Herr, ich fürchte Unheil, meine Arme sind gesunken, ich kann nicht mehr. Wie soll ich froh sein und dich loben?"
Der Prophet Zefanja gibt uns die Verheißung Gottes weiter: „Du hast kein Unheil mehr zu fürchten, der Herr ist in deiner Mitte, ein Held, der Rettung bringt." Zefanja hat etwa 630 vor Christus Gottes endgültige Rettung als bereits geschehen vorweggenommen. Und ich, 2000 Jahre nach Christi Geburt, soll kein Unheil mehr fürchten? Sonntag, wenn ich einen todkranken Angehörigen besuche? Montag, wenn ich in den Betrieb komme? Das Material unseres Lebens, dessen Sinnbild dieser kleine Rahmen ist, dürfen wir Gott hinhalten und den Zuspruch hören: „Der Herr hat deine Feinde zur Umkehr gezwungen, fürchte dich nicht, sondern freue dich. Der Herr freut sich und jubelt über dich" (vgl. Zef 3,15.17). Über mich, mit meinem Bruch? Mein Leben? Wie zerschlagen komme ich mir vor.

Was kann Gott aus unserem kleinen Lebensrahmen machen? Christus sprengt den Rahmen unserer Hoffnungslosigkeit und Resignation. Er hat seinen Sohn in unsere Mitte gestellt, er wurde Mensch, ist am Kreuz für uns gestorben. Er hat uns seinen Geist gesandt in unsere Herzen, im persönlichen Ja der Taufe bzw. der Tauferneuerung. Eine diagonale Verschiebung soll das verdeutlichen. Das Material unseres Lebens ist gleich geblieben, aber neu geordnet.

Unsere kleine Welt bekommt eine Mitte, wann immer wir ja sagen zur Liebe Gottes, die er heute zu uns erneuert. Immer mehr Menschen willigen aus persönlicher Entscheidung in die liebevolle Beziehung zu Gott ein, da sie angerührt wurden durch seine Liebe. Sie übergeben aktiv ihr Leben an Gott, einschließlich der vor ihnen liegenden Jahre und des Todes.
Das Kreuz hat ein Zentrum, die Christusliebe. Das Wundscheuern lässt nach, der Rahmen verstellt

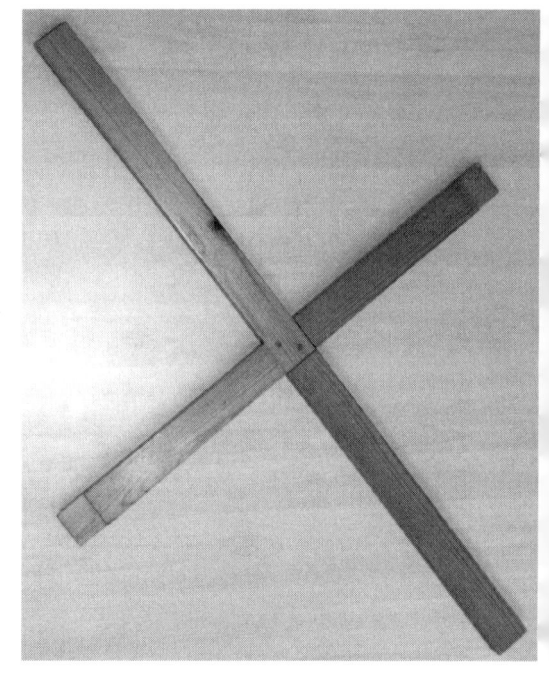

uns nicht mehr den Blick auf die Welt, auf unsere Mitmenschen, auf die Realitäten. Dann sind Ferien und Feiern nicht länger die Suche nach dem scheuerfreien Zustand in der Mitte unseres Lebensrahmens. Von dieser Mitte her werden wir frei: zum Handeln, aber auch zum Ertragen, zum Kämpfen, aber auch zum Schweigen. In der Erfahrung dieser Mitte kann es uns auch geschenkt werden, dass wir frei werden, Gott zu loben und uns an ihm zu freuen.

Im Alltag einer Familie ist der Lebensrahmen oft umzubauen, wird manches gesprengt. Wir erhalten neue Chancen, oft durch die Kinder ermöglicht, unsere Mitte wieder zu suchen, in den Blick zu nehmen, uns selber zu mitten.

Letzte Konsequenz eines Lebens, das durch Hingabe bestimmt ist, ist die aktive Selbsthingabe an das Du Gottes im Sterben. Diese Grenze ist uns vielleicht eher fern. Wenn mir aber jemand zum Geburtstag gratulieren würde mit den Worten „Herzlichen Glückwunsch, dass du deinem Tod heute wieder ein Jahr näher bist", ich würde es nicht als Unverschämtheit ansehen. Ich erwarte, an jene Grenze zu gelangen, wo ein jeder den letzten, radikalsten Schritt der Lebenshingabe bewusst vollzieht – oder sich weigert, sein Leben zu geben, und so den Tod erleidet, „gestorben wird". Gott hat sich uns zugewendet, und er ist auch heute unterwegs, uns mit heißem Herzen zu suchen. Daraus wächst Hoffnung.

Mein Leben mit allem, was dazu gehört, ist das Material, mit dem ich meine eigene Nachfolge gestalten kann. Lege ich das Kreuz Christi auf mein Kreuz, darf ich die Weite seines Vertrauens in den himmlischen Vater hineinnehmen in mein Leben und dort hinein wachsen.

Einige Grabsteininschriften sind Zeugnis dieses Vertrauens und dieser Hoffnung: „Wer nicht stirbt, ehe er stirbt, der verdirbt, wenn er stirbt". Ein Mathematiker fröhlich-frech: „Des Rechnens müde liege ich im Grabe und muss nun in die Brüche gehen. Wenn ich mich nicht verrechnet habe, werde ich wieder auferstehen." Am meisten gefällt mir, wohl weil ich acht Jahre als Journalist gearbeitet habe, die Inschrift auf einem schlichten Holzkreuz: „Die beste Nachricht: Der Tod ist tot."

Familie unter dem Kreuz leben
Eine Bildbetrachtung

Auf dem Foto rechts sehen wir ein Kreuz, das zur Verehrung in der Karfreitagsliturgie gerichtet wurde. Die Gemeinde betet: „Dein Kreuz, o Herr, verehren wir, und deine heilige Auferstehung preisen und rühmen wir: Denn siehe, durch das Holz des Kreuzes kam Freude in die Welt." Das zu verehrende Kreuz ist umgeben von zahlreichen von Kindern modellierten und auf selbstgebastelte Holzkreuze geschlagenen menschlichen Körpern. Ist dies unsere Situation? Fühlen wir uns gemartert, ans Leiden geheftet, sind wir unfähig zu handeln, leben wir in ungeordneten Verhältnissen zu anderen Menschen? Sind wir durch unsere eigenen Schwächen, durch unser Versagen oder das Versagen mancher Mitmenschen zu Boden gestreckt, aufs Kreuz gelegt?

Wenn dies unsere Situation heute sein sollte, so entdecke ich in diesem Bild die Zusage Gottes: „Mein Sohn ist durch jede Tiefe des Leidens gegangen um euretwillen. Er hat all dein Versagen auf sich genommen. Sein Blut strömt über euch, um euch zu reinigen. Er hat euch befreit. Dies ist der Neue Bund." So ordnen sich die Kreuze, die Lebensschicksale in unserer Familie auf das eine Kreuz, in dem das Heil ist.

Der Gnade Gottes den Weg bereiten

Was können wir, soweit wir verheiratet sind, als Ehepaare dazu beitragen, dass das Heil über uns kommt? Eine dogmatische Formulierung unserer Kirche weist uns auf unsere Verpflichtung hin, Gott behilflich zu sein: Die Gnade Gottes wirkt im Menschen „entsprechend der eigenen Bereitung und Mitwirkung eines jeden"[23], und zwar in der Kraft der Gnade Gottes selbst. Unsere Mitwirkung beim Empfang der sakramentalen Gnaden liegt in der Entscheidung, ganz Gott gehören zu wollen („Ich gebe mich Dir ganz hin"; vgl. Gotteslob Nr. 5) und keine Bereiche des eigenen Lebens vor ihm zu reservieren („Du kannst alles mit mir machen, aber dieses und jenes rühre ja nicht an!"). Da wir in der Taufe als Kind diese Entscheidung nicht persönlich fällen konnten, lädt uns die Kirche ein, sie als Jugendlicher oder Erwachsener in ihrem

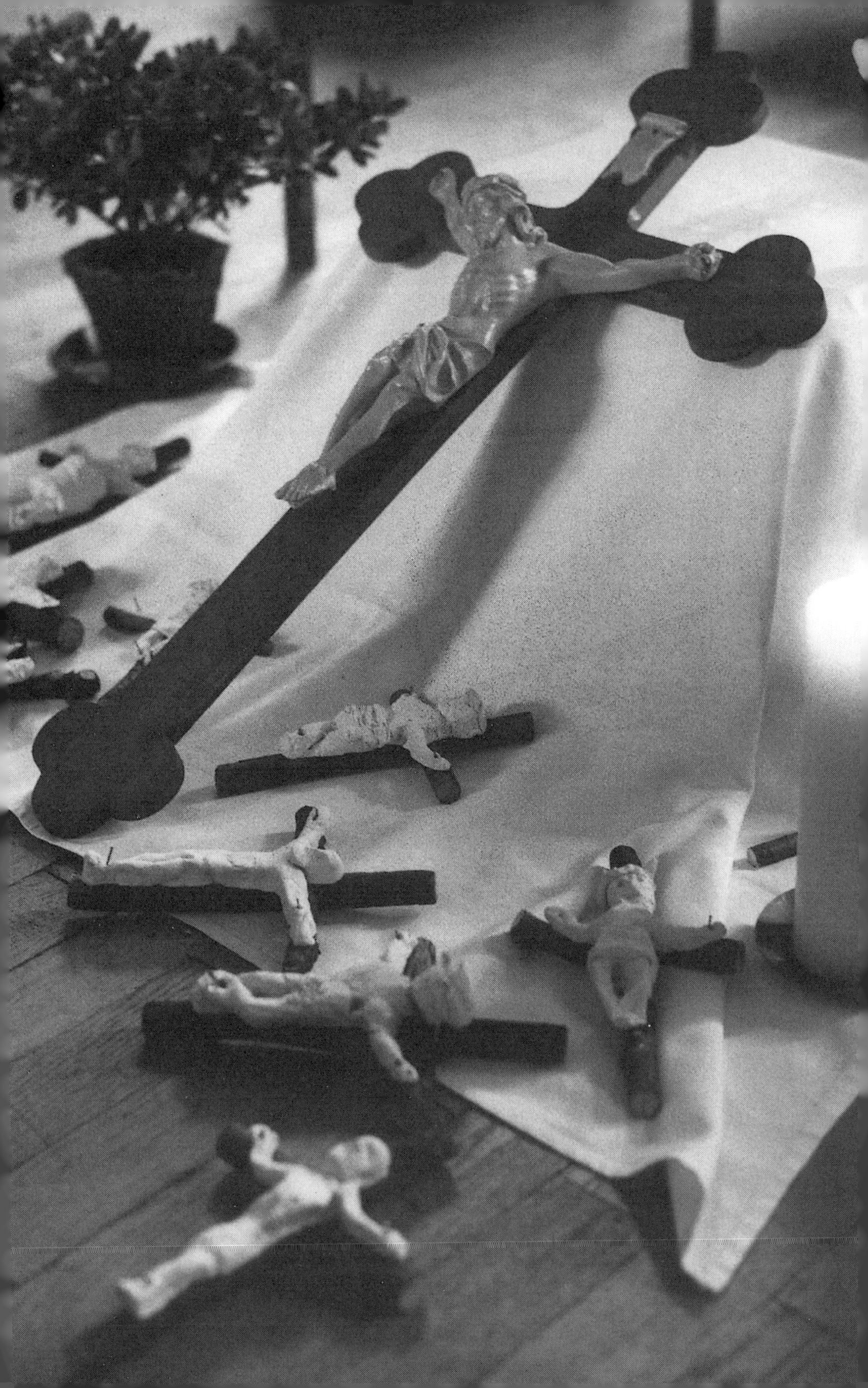

Ernst und ihrer Tiefe nachzuholen. Pfarrgemeinde und Eltern haben die „schwere Pflicht, ... die spätere persönliche Glaubensentscheidung möglich zu machen" (Gotteslob Nr. 44,2).

Ehe wird nach Jahren fruchtbar

Wir sind eingeladen, uns Gott mit aller Freiheit anzuvertrauen, uns für ihn als Herrn unseres eigenen Lebens, als Herrn unserer Ehe und unserer Familie zu entscheiden. Durch die Grundentscheidung für Gott in der Tauferneuerung, die einen konkreten Ausdruck in der persönlichen Kreuzverehrung haben kann, wird der Empfang des Ehesakramentes fruchtbar. Diese Lehre weist uns den Weg aus der Not unserer Ehe: In dieser Rückbindung an den einen, lebendigen Gott und der erneuten, erneuerten Entscheidung für unseren Ehegatten verlebendigt sich die uns von Gott vielleicht schon vor Jahrzehnten geschenkte sakramentale Gnade. Diese Verlebendigung dürfen wir innerlich wahrnehmen („Gott berührt das Herz des Menschen"[24]) und wirkt sich auch im Leben greifbar aus, wie zahlreiche Paare bezeugen. Die Beziehung zum Ehegatten und zu den Kindern wird von der persönlichen, freudigen, entschiedenen Beziehung zu Gott nicht nur gefärbt, sondern durchdrungen. In Familien, die so mit Christus zu leben begannen, ist nicht nur Heilung der Beziehungen festzustellen, sondern wächst die Bereitschaft, sich gemeinsam für die Pfarrgemeinde und Dienste in der Kirche zur Verfügung zu stellen (Familien im Dienst Christi, vgl. Gal 5,13b).

4
Pastorale Hilfen aus geistlichen Familientagen

Gesucht: Heilige Ehepaare

Die Idee des Schöpfers

Gott ist Beziehung. Es hat ihm gefallen, sein Wesen in seine Schöpfung hineinzulegen: So wie der Vater in Liebe ganz dem Sohn zugewandt ist und so wie der Sohn in Liebe ganz dem Vater zugewandt ist, so sollen Ehegatten einander ganz in Liebe zugewandt sein. Der Familiengeist in Gott, der Heilige Geist, verbindet Vater und Sohn, bildet mit ihnen die Dreieinigkeit. Die christliche Familie ist Abbild der Dreifaltigkeit. Ehepaare leben in besonderer Weise die Gemeinschaft, die Gott aus seinem Wesen in sie hineingelegt hat. „Eheliche Gemeinschaft" wird auf das Geheimnis des trinitarischen „Wir" bezogen.[25] In menschlicher Analogie entsteht in ganzheitlicher Zuwendung von Ehemann und Ehefrau ein Drittes, ein Kind.

„Im Plan Gottes, des Schöpfers und Erlösers, findet die Familie nicht nur ihre ‚Identität', das, was sie ‚ist', sondern auch ihre ‚Sendung', das, was sie ‚tun' kann und muss. ... Familie, ‚werde', was du ‚bist'!"[26] Sprachgeschichtlich sind im Wort „heil" mehrere Wurzeln: gesund, unversehrt, gerettet, ganz, frisch, ungeschwächt, heiter. Heiligkeit ist abgeleitet von Worten für: Art und Weise, günstiges Vorzeichen, glücklich. Heiligkeit meint das Licht und die Wärme des „Nicht-Weltlichen".

Sehnsucht – Appell an die Kirche

Viele Menschen sehnen sich nach geistlichen Erfahrungen, nach dem Heiligen oder den Heiligen. Der Boden hungert danach, spirituelle Früchte zu bringen bzw. zu kosten.

Heiligung – eine dem Menschen entzogene Gabe Gottes – ist Aufgabe der Kirche. Es gilt, Bedingungen und Möglichkeiten zu schaffen, dass heute Menschen ihre Sehnsucht nach Heiligem in und durch die Kir-

chen befriedigt finden können – so Gott will. Aufgabe des Seelsorgers ist es, in die verborgene Zone des Heiligen zu führen. Auf dem Weg einer Umgestaltung des Lebens nach dem Bilde Christi manifestiert sich das Wirken des Heiligen Geistes.
Die erfahrene Berührung mit dem Heiligen befriedigt nicht nur die Sehnsucht nach dem Heiligen, sondern beschert eine neue Bestimmung für das eigene Menschsein.
Fast alle wünschen sich, unabhängig von einem Glauben – wie Studien belegen – eine glückliche, beständige Familie im traditionellen Sinn, d. h. mit Vater, Mutter und Kindern. Dies Buch setzt nicht bei den unheilen Familiensituationen an, sondern bei den Sehnsüchten der Menschen und hilft sie weiterzuführen.

Jüngerschaft

Zwei Menschen, die sich an Gott gebunden haben, die als Jünger und Jüngerin Christi zu leben versuchen, schenken sich einander. Ihre Hingabe kennt keine Reserve, sie ist ganz vorbehaltlos und auf Dauer angelegt. In solchem Leben ist es möglich, den Gedanken Gottes über Ehe nach seinem Sinn zu verstehen. Wer heilig lebt in Gebet, Liebe und Lebensstil, wird geläutert durch Sünde, Umkehr und Buße und empfängt als Lohn der Heiligkeit: Einheit leben, den Vater sehen und Auferstehung. Gerade die Einheit als Lohn bedeutet für Ehepaare das Geschenk des „Wir" in der Ehe, einer Identität als Ehepaar.

Wie versorgt Gott seine Jüngerinnen und Jünger? In der Taufe werden wir gesalbt zur Teilhabe an Christi Priester-, König- und Prophetenamt. In der Firmung sind wir ausgerüstet durch die Fülle des Heiligen Geistes. In der Eheschließung erfahren wir die Zuwendung Gottes für Zweisamkeit und Familie. Dieses Sakrament ist Grundlage unserer Heiligkeit im Stand der Ehe.

Durch einige Jahre gemeinsamen Weges wissen wir mehr als bei der Trauung um unsere Bedürftigkeit, dass wir für das Gelingen unseres gemeinsamen Weges Gottes Zuwendung benötigen. In der Erneuerung des Ehebundes sagen wir vertieft Ja zur Zuwendung Gottes zu uns als Paar.

Stellung und Zustand des Menschen vor Gott

Jeder Mensch ist vor Gott schuldig und muss deswegen mit den Folgen rechnen (Röm 3,23). Jeder, der vertraut, dass Jesus stellvertretend für ihn am Kreuz die Schuld getragen hat, wird von Gott freigesprochen und muss die Folgen seiner Taten, Gedanken und Motive nicht mehr allein tragen. Wen Gott gerecht spricht, der ist entschuldet.

Unsere Stellung vor Gott ist die von „Heiligen". Unser tatsächlicher Zustand unterscheidet sich oft drastisch von unserer Berufung und ist von Sünde überschattet. Heiligung ist der Prozess, in dem Gott eine Person (immer noch Sünder, aber gerecht gesprochen) auch in seinem Lebenswandel gerecht oder vielmehr gerechter werden lässt. Es geht um die Bereitschaft, sich der Verwandlungskraft der Gnade auszusetzen. Ziel der Heiligung ist es, Jesus Christus ähnlicher zu werden. In diesem Prozess werden nach und nach immer mehr Bereiche unseres Denkens und Handelns Gott zur Verfügung gestellt. Dieser Vorgang der Umorientierung – Heiligung – dauert ein Leben lang.

„Ihr sollt (könnt) heilig sein, denn heilig bin ich, euer Gott" (1 Petr 1,16; Lev 19,2). Es ist ein Abenteuer der Verbindung Gottes mit den Menschen, eine Liebesgeschichte, die hinführt zu Ebenbildlichkeit, Gemeinschaft, völliger Teilhabe, eine Bundesgeschichte.

Heilig sein

„Heilige sind im Neuen Testament alle Christen, insofern sie in Glaube und Taufe durch Jesus Christus und den Hl. Geist Anteil an der Heiligkeit Gottes haben. Im katholischen Sprachgebrauch werden jene Christen als Heilige bezeichnet, die den christlichen Glauben in außerordentlicher und leitbildhafter Weise durch Taten der Gottes- und Nächstenliebe verwirklicht haben und denen dieser Titel durch ein kirchenrechtliches Verfahren amtlich zuerkannt ist."[27]

Weg der Heiligung

Es ist eine Wiederentdeckung in den neuen geistlichen Bewegungen, dass Christen persönlich, freudig und entschieden mit Jesus Christus, mit Gott leben. Der Apostel Paulus schreibt in seinen Briefen „an die

Heiligen in ...", er setzt selbstverständlich in der damaligen jungen Kirche voraus, dass die Mitglieder der Gemeinden in dieser Entschiedenheit und als Geheiligte leben (auch damals sendet er bereits zahlreiche Ermahnungen). Das Geschäftsinteresse Gottes ist unsere Heiligung (1 Thess 4,3). Der Katechismus sagt „Was ist die Kirche anderes als die Versammlung aller Heiligen?"[28] Der Ausdruck „Gemeinschaft der Heiligen" (vgl. Apg 20,32) hat zwei Bedeutungen, die eng miteinander zusammenhängen: „Gemeinschaft an den heiligen Dingen" (sancta) und „Gemeinschaft zwischen den heiligen Personen" (sancti)."[29]

„Alle sind zur Heiligkeit berufen: ‚Ihr sollt also vollkommen sein, wie es auch euer himmlischer Vater ist' (Mt 5,48)."[30] Christen sind „Tempel Gottes" (1 Kor 3,16), „Tempel des Heiligen Geistes" (1 Kor 6,19). Seit dem Wort Jesu am Jakobsbrunnen „Die Stunde ist da, wo man Gott ... im Geist und in der Wahrheit anbetet" (Joh 4,23) reicht Heiligkeit so weit, wie sich Jesu Geist in Herz und Leben des Einzelnen und des Gottesvolkes ausdehnt.

Weil Gott keinen Ehebruch begeht, soll auch Israel die Ehe nicht brechen. Jesus denkt vollkommen konsequent: Im Gottesvolk darf es weder Scheidung noch Ehebruch geben. Eure Gemeinden sollen „vollkommen" (also ganz bei der Sache Gottes) sein. An Mk 10,2–12 (Scheidungsverbot) schließt sich die Begegnung mit den Kindern an (13–16): Das Reich Gottes annehmen wie ein Kind. Kinder, die an der gegenseitigen Treue ihrer Eltern etwas von der Treue Gottes ablesen können, werden eher Zutrauen zum Vater im Himmel fassen können.

Heiligenverehrung

Christen, die wegen ihres Glaubenslebens über ihren Tod hinaus geachtet und verehrt werden, werden manchmal heilig gesprochen: ihre Verehrung durch das Volk Gottes wird nach eingehender Prüfung gutgeheißen. Auch Ehepaare gehören zu der Schar der Heiligen, wenn auch als Minderheit. Ich habe 36 Ehepaare gefunden, bei denen beide Partner selig oder heilig gesprochen wurden. Diese finden sich im Anschluss an diesen Artikel, ebenso eine Auswahl von 22 biblischen Ehepaaren. Ihre Lebensgeschichte ist ein Zeugnis der Großtaten Gottes und der Bereitschaft der Menschen, ihm zu folgen. Die Betrachtung solcher Zeugnisse kann Ehepaare ermutigen, ihren eigenen Heilsweg, Weg der Heiligung zu suchen und zu gehen. Erst im Rückblick wird das (gemessen an unserem menschlichen Handeln) immer größere Eingreifen Gottes deutlich.

Heroisch sein
Im Prozess der kirchlichen Prüfung des heiligmäßigen Lebens von Dienerinnen und Dienern Gottes werden Fragen gestellt, die geeignet sind, um auch unsere Lebenspraxis zu überprüfen.
Ich fange mit dem für uns Unwahrscheinlichen an. Eine Gruppe der Heiligen sind die Märtyrer. Für sie gelten drei Kriterien: die Tatsache des gewaltsamen Todes, das Motiv des Glaubens- und Kirchenhasses bei den Verfolgern, die bewusste Annahme des Willens Gottes trotz Lebensbedrohung. Dies gilt z. B. für die Heiligen der Christenverfolgung in der Frühzeit der Kirche und in Japan und Korea im 17. bzw. 19. Jahrhundert., im 20. Jahrhundert für die Opfer des Nationalsozialismus, des Kommunismus, die Blutzeugen in Missionsgebieten und das Reinheitsmartyrium von Mädchen, Frauen, Ordensfrauen und ihre Beschützer.[31]
Die Auswahl auf dem Weg zur Heiligsprechung hat immer noch ein Übergewicht an Klerikern und Ordensleuten. Der Papst betonte bei einer Kurienansprache 1987 die Vielfalt der Stände, aus denen die Selig- und Heiliggesprochenen stammen, und unter diesen vor allem die Laien samt deren vielfältiger beruflicher Herkunft. Zugleich wird bedauert, dass in Rom nicht mehr Kandidaten vorgeschlagen werden, die verheiratet sind. Leider werde die Ehe von katholischen Laien nicht voll und ganz als möglicher Weg zur Heiligkeit begriffen. Daher sehe niemand in Eheleuten potentielle Heilige. Papst Johannes Paul II. äußerte weitergehend bereits 1993 die Hoffnung, dass ihm Eheleute zur Heiligsprechung vorgeschlagen würden. Die erste Seligsprechung eines Ehepaares geschah 2001.
Die Seligen und Heiligen sowie der Weg, wie sie zur kirchenamtlichen Anerkennung als solche kommen, sind insofern ein getreues Abbild

kirchlicher Verhältnisse. Heilige sind Symbole für eine bestimmte Aktualisierung des Christentums.

Unter „heroischem Tugendgrad" versteht man, dass der betreffende Kandidat eines Selig- und Heiligsprechungsverfahrens die christlichen Tugenden des Glaubens, der Hoffnung und der Liebe (göttliche oder auch theologische Tugenden genannt) in einer herausragenden Weise, die das allgemeine Maß überschreitet, in seinem Leben und unter seinen individuellen Lebensumständen geübt hat. Mit den drei göttlichen Tugenden müssen die vier Kardinaltugenden (Gerechtigkeit, Klugheit, Tapferkeit und Mäßigung), sowie die mit ihnen zusammenhängenden Tugenden (Demut, Armut, Keuschheit und Gehorsam) verbunden sein. Um heroisch zu sein, müssen die christlichen Tugenden bei den einzelnen Gelegenheiten mit Eifer und innerer Bereitschaft, rasch, mit Herzensfreude und in einer das gewöhnliche Maß übersteigenden Weise geübt worden sein.

Die Ausstellung des Dekretes über den heroischen Tugendgrad bringt zum Ausdruck, dass sich die Kirche dafür verbürgt, dass der betreffende Diener Gottes die im Sakrament der Taufe empfangene Heiligkeit mit Gottes Gnade bewahrt und in seinem Leben zur vollen Entfaltung gebracht hat.[32]

Gefährliche Heilige

Einen Hinweis auf die Aktualität der Heiligen sehe ich z. B. in dem von den kommunistischen Machthabern Ungarns 1975 verfügten Verbot: Entweder werden im Katechismus für den Religionsunterricht alle Hinweise auf christliche Heilige und Märtyrer gestrichen, oder das Buch darf nicht erscheinen. Die Heiligen wurden vom Regime als gefährlicher Wurzelgrund der Volksfrömmigkeit erkannt. Erinnerung an die von Christus geprägten Heiligen entwickelt eine Kraft im Alltag, die Herrschende zittern lässt. Papst Johannes Paul II.: Die Kirche „ist auf dem Blut der Märtyrer entstanden. Am Ende des zweiten Jahrtausends ist die Kirche erneut zur Märtyrerkirche geworden."[33]

Konzil und Papst ermutigen

Der Kampf der 68er-Generation initiierte einen Wertewandel im Verständnis von Erziehung, Familie und Ehe. Heiligkeit der Ehe ist im kulturellen Umfeld heute gefährdet. Fast gleichzeitig schenkte der Heilige Geist in vielen christlichen Kirchen einen Neubeginn. Das erneuerte und vertiefte Verständnis christlicher Ehe im II. Vatikanischen Konzil und die Weiterführung in den ehespirituellen Bewegungen leisten einem neuen Verständnis von der Heiligkeit der Ehe im Volk Gottes Vorschub. Dafür sind wir dankbar und setzen uns mit der Gemeinschaft Familien mit Christus und unserem Geistlichen Familienzentrum ein, diesen ehe- und familienspirituellen Neuaufbruch nutzbar zu machen für die Kirche, ihn zu vermitteln an Ehepaare, Familien und Gemeinden. Dieser Neuaufbruch wird proklamiert und gefeiert in Großereignissen wie den Welt-Familientreffen (1994, 1997, 2000).

Die Bedeutung der Heiligkeit für den Alltag kommt neu in den Blick. Dementsprechend suchen viele nach heiligen Eheleuten. Papst Johannes Paul II. betont: „In besonderer Weise wird man sich hier um die Anerkennung der heroischen Tugenden von Männern und Frauen bemühen, die ihre Berufung in der Ehe verwirklicht haben: Da wir überzeugt sind, dass es in diesem Stand nicht an Früchten der Heiligkeit mangelt, empfinden wir das Bedürfnis, die geeigneten Wege dafür zu finden, dass diese Heiligkeit festgestellt und der Kirche als Vorbild für die anderen christlichen Eheleute vorgestellt werden kann."[34] Persönliche Lebens- und Glaubenserfahrung bewegen mehr als lehrhafte, rationale Erörterungen über die Bedeutung der Familie.

Berufungspastoral

Es ist auch ein Dienst der Gegenwart, Mütter und Väter, Ehemänner und Ehefrauen, die sich um ein Leben aus dem Heiligen Geist bemühen – die Heiligen Ehepaare – zusammenzuführen und zwischen ihnen das neue Leben zu fördern und zu bewahren. Unter solchem Einfluss kann jeder seine persönliche Berufung entdecken und vertiefen, nicht nur die Erwachsenen, sondern auch die Jugendlichen und Kinder ihrem Alter entsprechend. Dies entspricht einer offenen Berufungspastoral, die ver-

sucht, in jedem Lebensweg Zeichen des persönlichen Angesprochenseins durch Gott zu entdecken. Wir sollen „zum vollkommenen Menschen werden und Christus in seiner vollendeten Gestalt darstellen" (Eph 4,13).
Ein Ehepaar ist glaubwürdig, wenn es seine Beziehung lebendig und anziehend gestaltet: Die eigenen Kinder und auch Nachbarn spüren etwas vom geistlichen Leben und der Intimität mit Christus. Im begeisterten Leben des Standes der Ehe wird auch Raum geschaffen: Offenheit für den Stand der Ehelosigkeit um des Himmelreiches willen. Beide Lebensentwürfe sind heute nicht mehr selbstverständlich, beide erscheinen heute vielen „verrückt". So laden wir immer wieder ein, um Familien als Zellen geistlichen Lebens zu beten.
Die Europäische Bischofssynode schreibt 1999 in ihrem Schlussdokument: „Zeichen der Hoffnung ist die Heiligkeit so vieler Männer und Frauen unserer Zeit, nicht nur jener, die offiziell von der Kirche selig gesprochen wurden, sondern auch jener, die schlicht und einfach in der Alltäglichkeit ihrer Existenz mit Hingabe ihre Treue zum Evangelium gelebt haben."

„Eine Wolke von Zeugen"

Das Bewusstsein, von einer „Wolke von Zeugen" (Hebr 12,1) umgeben zu sein, stellt eine notwendige Korrektur der Individualisierung des Glaubensverständnisses dar. Die Kirche umfasst die Gemeinschaft der Lebenden und der Verstorbenen. Die im Glauben Verstorbenen gelangen in einen Zustand besonders intensiver Gemeinschaft mit Christus (Lk 23,43; Phil 1,23; Offb 6,9ff).
Der Heilige ist eine Gestalt der Gnade. Gerhard Tersteegen († 1769), einer der bedeutendsten protestantischen Hagiographen, hat das damit Gemeinte in der Widmung seiner „Auserlesenen Lebensbeschreibungen heiliger Seelen" an Christus klassisch zum Ausdruck gebracht: „Mit gebücktem Geist und kindlicher Zuversicht schreibe ich Dir hiermit zu, was ganz Dein ist, diese Vorbilder und Zeugnisse Deiner Heiligen, welche alles, was sie sind, allein durch Dich sind. Du hast Dich mit ihnen vereinigt. Du hast in ihnen und durch sie gelebt; darum, ja da-

rum allein haben sie heilig gelebt. Lob ich sie, so lobe ich nur Deine Gaben. Solches haben sie selbst demütig erkannt auf Erden und eben das bekennen sie noch zu dieser Stunde im Himmel, da sie die Krone ihrer Heiligkeit und Herrlichkeit zu Deinen Füßen niederlegen."[35] Heiligenverehrung ist ein Aspekt der Verehrung Gottes. Die Ehrung der Heiligen gilt zuerst dem Wirken der Gnade Gottes an ihnen. „Jedes echte Zeugnis unserer Liebe zu den Heiligen zielt seiner Natur nach letztlich auf Christus, der ‚die Krone aller Heiligen ist', und durch ihn auf Gott, der wunderbar in seinen Heiligen ist und in ihnen verherrlicht wird."[36]

Fruchtbarer Alltag

Das Göttliche ist einerseits getrennt von der Welt, jenseits der Welt; und das Göttliche ist andererseits in der Welt, zeigt sich in der Welt. Das Heilige zeigt sich in den Menschen; der Heilige offenbart sich in besonderer Weise in denen, die „Heilige" genannt werden.
In der Geschichte der Kirche beginnt im 12. Jahrhundert eine Wende, die sich in der Spiritualität als Wende von der Kontemplation über einen ganz anderen, geheimnisvollen Gott zur Aktivität der Imitatio Christi, zum Nachahmen des menschgewordenen Gottes vollzieht. Die Heiligen werden von entrückten Trägern der Heiligkeit Gottes, die man als Fürbitter um Hilfe angeht, zu konkreteren, wenn auch immer noch außerordentlichen Gestalten, die zu Vorbildern der eigenen Heiligung werden. In der heutigen säkularen Gesellschaft gibt es Heiligenverehrung im Sinne der Anerkennung von großem ethischen und sozialen Engagement und von Mitmenschlichkeit, wobei die Anerkennung der menschlichen Leistung dominiert, nicht die Erfahrung des Heiligen.
Die Rahmenbedingungen bei der Ausrichtung an Gott sind bei Familien von Kultur, Land, Schicht, Art der beruflichen Tätigkeit, Anzahl und Alter der Kinder bestimmt. Wie können wir, so fragen sich christliche Ehepaare, unter unseren Bedingungen Gott suchen, Gott finden, heilig werden?

Entschieden leben

Der anfängliche Blick auf Gottes Zuwendung in den Sakramenten weist darauf hin, dass wir uns Heiligkeit nicht verdienen können, sondern dass es der Heilige ist, der uns heilt und heiligt. Wir können uns öffnen für seine Zuwendung und wir haben die Freiheit, uns zu verschließen, verstockt zu sein. Gott lädt uns ein, uns mit all unserer Gebrochenheit und Erbärmlichkeit seiner Barmherzigkeit anzuvertrauen. Er sorgt für uns. In der Paarbeziehung erleben viele, dass sie eine neue Ordnung ihrer Beziehung erfahren, wenn sie diese nicht selber machen wollen, sondern ihren Partner und sich als Ehepaar Gott anvertrauen. Und dass wir seine Fürsorge brauchen, erfahren Eltern auch im Blick auf ihre Kinder immer wieder.

Das Ehesakrament wird fruchtbar, wenn Eheleute es zulassen, dass Christus in ihnen lebendig ist. Es ist kein Medikament, das man nur einnehmen muss und das dann wirkt, ohne dass etwas Besonderes zu tun wäre. Wenn ein Paar möchte, dass seine Ehe gelingt, sind persönliche Initiative und eigenes Bemühen nötig. Das freie Handeln Gottes erfordert die freie Antwort des Menschen. Die Seele kann nur freiwillig in die Gemeinschaft der Liebe eintreten. Auf dem Weg der Nachfolge wird der ausgewählte Mensch in Gottes Heiligkeit hineingezogen.[37]

Begleiten beim Reifen

Der Pulsschlag des geistlichen Lebens ist nicht zu trennen von der persönlichen Berufung, „Gott in allen Dingen zu finden" (Ignatius) und sich darüber Rechenschaft zu geben. Das bedeutet für Eheleute, die Schwungkraft ihres Lebens mit Gott in der Ehebeziehung und der Familie zu sehen, zu bedenken, zu vertiefen, zu läutern. Als Eheleute sind wir lebendig, wenn wir den gottgeschenkten Sinn unserer Paarbeziehung leben in Verbindung unserer Herzen mit dem Herzen Gottes. In Freiheit uns täglich neu entscheiden, disponieren für Gott, der in sich Beziehung ist. Gott tut das Übrige. Dies ist der Weg zur Einheit, auch und gerade in der Ehe.

Im geistlichen Leben zu reifen wird in der Schrift auf verschiedene Art und Weise verglichen mit einem Baum, der gepflanzt wird, um bleiben-

de Frucht zu bringen (Joh 15,8.16), oder mit einem Athleten, der das Rennen nach der unvergänglichen Krone der Herrlichkeit läuft (1 Kor 9,24–26; Hebr 12,1; 2 Tim 2,5; 2 Tim 4,7–8).
Diese Bilder zeigen eine entschiedene Hingabe an ein Lebensziel: das des schrittweisen täglichen Wachsens in Christus (Eph 4,13.15), um so zu werden wie Christus (1 Kor 11,1), um mit ihm im Geist gleichgesetzt zu werden (Gal 2,20).
In der Begleitung von Ehepartnern und Ehepaaren darf ich immer wieder teilhaben daran, wie entschieden diese an Gott und der von ihm bejahten, gesegneten Beziehung festhalten. Auch das Mitgehen von Eltern mit ihren auf krummen Wegen umtriebigen Kindern und Jugendlichen ist erstaunlich. Es ist oftmals heroisch, mit welcher Entschiedenheit Treue und Barmherzigkeit gelebt werden. „Heroisch", das menschliche Maß weit übersteigend, nur erklärbar aus der mit Gott gelebten Beziehung. Für verheiratete Christen ist die Ehe der Weg zur Heiligkeit.[38] Mit dem Vater unser: „Geheiligt werde dein Name."

Biblische Ehepaare[39]
Adam und Eva (Gen 2–3)
Abraham und Sara (Gen 12–22)
Lot und seine Frau (Gen 19)
Isaak und Rebekka (Gen 24–27)
Jakob, Lea und Rahel (Gen 28–49)
Joseph und Asenat (Gen 41)
Mose und Zippora (Ex 2.4.18)
Debora und Barak (Richter 4–5)
Manoach und seine Frau (Richter 13)
Boas und Ruth (Ruth)
Elkana und Hanna (1 Sam 1.2)
David und 3 seiner 18 Frauen: Michal, Abigajil, Bathseba (1 Sam 18–2 Sam 12)
Salomo und seine ausländischen Frauen (1 Kön 3.11; 11,3–4)
Ahab und Isebel (1 Kön 16–22)
Die Frau aus Schunem zwischen zwei Männern (2 Kön 4)

Hannah und Tobit, Tobias und Sara (Tobit 2–8)
Ahasveros und Esther (Esther 1–7)
Ijob und seine Frau (Ijob 1.2)
Zacharias und Elisabeth (Lk 1)
Joachim und Anna, Eltern Marias (Jakobus-Ev., 2. Jh.)
Josef und Maria (Lk 1–2)
Ananias und Saphira (Apg 4–5)
Aquila und Priscilla (Apg 18–20)

Heilige und selige Ehepaare[40]
Adelbald († 652) und Rictrudis († 688; Fest: 29. Januar)
Adrian († 305) und Natalia (3. Dezember)
Andronikus und Athanasia († 5. Jh.; 9. Oktober)
Aya († 707) und Hildulf († 709)
Basilius und Emmilia († 4 Jh.; 28. Mai)
Bonifatius und Thekla († 250; 30. August)
Castullus und Irena († 302; 26. Februar)
Chrysantus und Daria († 3. Jh.; 29. Oktober)
Clemens († 95) und Domitilla (3. September)
Dominik und Katharina Tanaca († 1626)
Edwin († 633) und Edelburga († 650; 1. Oktober)
Ehrenfried und Mechthild († 1025; 4. Juni)
Elzear († 1323) und Delphina († 1360)
Erkenbert († 1132) und Richlinde († 1150)
Flavian und Dafrosa († 4. Jh.; 17. Dezember)
Franz und Barbara Tschoi
Gregorius und Nonno († 374; 26. März)
Gumbert und Berta († 7. Jh.; 18. Juni)
Heinrich († 1024) und Kunigunde († 1039; 9. Juli)
Isidor († 1130) und Maria (14. Mai)
Julianus und Basilissa († 304; 9. Januar)
Kaspar und Marie Vaz († 1627)
Ludwig und Lucia Chakachi
Luigi Beltrame Quattrocchi (1880–1951) und Maria Corsini (1884–1965)

Marius und Martha († 270; 19. Februar)
Melas und Carina († 269; 5. November)
Modestus und Krescentia († 3. Jh.; 23. Juli)
Nikolaus von Flüe († 1487; 25. September) und Dorothea
Richard und Wunna († 7. Jh.; 7. Februar)
Simon und Maria-Magdalena Kiota († 1620)
Stephan († 1038) und Gisela († 1054?; 13. August)
Thomas und Marie Ghenguro († 1620)
Viktor und Corona († 176)
Vinzenz († 677) und Waltraud († 688)
Vitalis und Valeria († 3. Jh.?; 23. April)
Waldebert und Berta († 7. Jh.; 7. Mai)
Für Louis und Celine Martin, die Eltern der hl. Kirchenlehrerin Theresia von Lisieux († 30. 9. 1897), läuft das Seligsprechungsverfahren.

Wachsen in der Berufung

Die erste Berufung eines jeden Menschen ist die Berufung zum Menschsein, zu reifer Humanität. Wie sehr erfahren Menschen, wenn sie ernstlich auf sich selber schauen bzw. durch Umstände an ihre Grenzen geführt werden, die Brüchigkeit der eigenen Lebensgeschichte, die zu einem Scheitern auf weiterführenden Stufen beiträgt. In dieser Berufung zum Menschsein ist der zweite Aspekt die Du-Findung, die Phase der Intimitätsbefähigung. Sie ist gleichermaßen für den ehelos Lebenden wie für den Verheirateten von ausschlaggebender Bedeutung.

Ging es in der vorausgehenden Phase der Ich-Werdung vornehmlich um die Frage „Wer bin ich?", so gewinnt jetzt zunehmend die Frage an Bedeutung „Wer bist Du?". Erinnern Sie sich an die Zeit mit der ersten Freundin, dem ersten Freund? Wie war das? Befähigung zur Intimität meint in dieser Phase zunächst einmal Befähigung zu einer tiefergehenden, zwischenmenschlichen Beziehung in dem Sinne, dass ich in der Lage bin, aus mir herauszutreten und mich auf eine andere Person einzulassen. Die Entscheidung zu einem Stand hat eine große Chance, tragfähig zu sein, wenn sie auf dem Boden einer gelungenen Identitätsfindung getroffen wurde. Die menschliche Reife wird leider zu oft als Voraussetzung übersehen.

Kommen wir zur zweiten Berufung, zum Christsein. Dazu gehört auch die altersgemäße Entscheidung für Gott. In der Kindertaufe macht die katholische Kirche deutlich, dass Gott, der Schöpfer, vorauseilend dem Menschen hilft auf dem Weg des Reifens. Bei der Kindertaufe übernimmt die Pfarrgemeinde mit den Eltern die schwere Pflicht, die Kinder und Jugendlichen durch Unterricht und Vorleben des Glaubens zur Entscheidung zu führen (Gotteslob 44,2). Woran erkennen Menschen die Christen? An ihrer Ganzhingabe an Gott. So stehen ganz am Anfang des katholischen Gebet- und Gesangbuches „Gotteslob" die Gebete zur Hingabe (Nr. 5).

Der erste Platz in meinem Herzen ist freizuschaffen. Das Loch unerfüllter Sehnsucht in uns, das wir überdecken in gefahrvoller Unruhe, ist zu reinigen und zu füllen. Bräutliche Haltung ist die Erwartung, beschenkt zu werden, ist, mit leidenschaftlicher Liebe sich verfügbar zu halten (Lk 12,35–37).

Die dritte Berufung ist die in einen bestimmten Stand, Ehe oder Ehelosigkeit. Ehelos entweder allein lebend oder in einer verbindlichen Gemeinschaft, z. B. eines Ordens oder einer neueren geistlichen Bewegung. Auf die Phase der Standes- und Partnerwahl gehe ich näher ein, da sie im Rahmen der Ehepaar-Exerzitien bedeutsam ist. Im Alter zwischen 17 und 23 Jahren wird Abschied genommen von der früheren Identifizierung mit den Gedanken, Vorstellungen und Überzeugungen wichtiger Bezugspersonen wie Eltern und Erzieher. Es ist die Zeit, eine erste Identität als Erwachsener zu formulieren und zu finden. Wer bin ich? Wohin geht mein Leben? Was will ich? Erinnern Sie sich an Ablösungskämpfe? Wie war das?

In dieser Phase des Überganges, des Abschiedes und der Neuorientierung spielt mein Lebenstraum eine wichtige Rolle. Dieser Lebenstraum hat eine stark motivierende Rolle während meines ganzen Lebens. Was immer ich tun will, es ist wichtig, dass ich dieser ganz tief in mir vernehmbaren Stimme lausche, sie nicht überhöre und mich bei meinen Entscheidungen immer wieder auch von ihr leiten lasse. Dieser Prozess weg von den Identifikationen der Jugendzeit hin zur Identitätsfindung hat dann sein Ende gefunden, wenn ich bei mir ein sicheres Gefühl verspüre, wer ich bin. Eine innere Stimme, die sagt: Das bin ich wirklich.

Als Viertes geht es um das Erkennen einer Berufung zu einem bestimmten Dienst, Apostolat; Berufung zum besonderen Einsatz für die materiell, psychisch oder geistlich Armen. Oder die Berufung, eine konkrete Pfarrgemeinde oder ein Werk ehrenamtlich mit aufzubauen und mitzutragen. Die Unterscheidung dieser Dimensionen von Berufung hilft bei der Erstellung eines geistlichen Lebenslaufes zu Prägnanz.

Eheseminare mit Kindern als „Familienwerkstatt"
Bericht über geistliche Tage für Familien

Der erste Weg nach dem Urlaub führt für viele Ehepaare zum Scheidungsanwalt. Gemeinsame Reisen werden, so Freizeitforscher, immer öfter zu „Schicksalswochen" für eine Familie, führen zur Stunde der Wahrheit. Weil manche Probleme immer mitreisen, kann der Urlaub auch zur „Familienwerkstatt" werden, zur Chance für einen Neubeginn.

Seit 1989 trägt in Heiligenbrunn/Niederbayern die Gemeinschaft „Familien mit Christus" ein Geistliches Familienzentrum, eine Mischung aus Exerzitienhaus und Familienferienstätte. Unter dem Leitsatz „Jede erneuerte Ehe ist ein Beitrag zu einer erneuerten Gesellschaft" werden von Familien für Familien Geistliche Tage und Wochen angeboten. Große und kleine Gäste aus dem ganzen deutschen Sprachraum kommen zu diesem „Heilbrunnen für Familien".

Manchmal stelle ich an den Anfang von Familienexerzitien das Wort aus Dtn 24, 5: „Wenn ein Mann neuvermählt ist, muss er nicht mit dem Heer ausrücken. Man soll auch keine andere Leistung von ihm verlangen. Ein Jahr lang darf er frei von Verpflichtungen zu Hause bleiben und die Frau, die er geheiratet hat, erfreuen." Nahezu alle Teilnehmerinnen und Teilnehmer nehmen hier den Nachholbedarf wahr, in ihre Beziehung zu investieren. So ist es gut, dass sie sich ein Wochenende oder gar zwei kostbare Urlaubswochen genommen haben, um in Gemeinschaft mit anderen einen Weg zu vertiefter Ehebeziehung zu gehen: „Ich liebe Dich jeden Tag mehr, heute mehr als gestern, aber weniger als morgen."

Ein Ehekatechumenat analog der Vorbereitung auf die Erstkommunion, wie es Johannes Paul II. 1981 im Apostolischen Schreiben Familiaris Consortio empfahl, braucht um so größere Bemühungen, je mehr es durch die Umwelt erschwert wird, die Wahrheit über die christliche Ehe zu erfassen. Wir bemühen uns, Grundlagen des Glaubens zu vermitteln. Dazu gehört insbesondere die Erfahrung der Taufe. Ehevorbereitende und ehebegleitende Kurse helfen, weiterzubauen und zu vertiefen.

Kommunikation
Neun Minuten reden Ehepartner durchschnittlich pro Tag miteinander. Am Misslingen der Kommunikation scheitern Ehen. Der Trend geht dahin, dass in Großstädten jede zweite Ehe geschieden wird. Im Jahr 2000 wurden in Deutschland bei 419.505 Eheschließungen 194.408 Ehen geschieden (46,3 %). 1960 kamen auf 689.020 Eheschließungen lediglich 73.418 Scheidungen (10,6 %).
In Vorträgen legen wir dar, wie Gott sich den Menschen gedacht und zum Leben in Beziehung befähigt hat. Auf dem christlichen Menschenbild aufbauend zeigen wir Ursachen von Beziehungsstörungen und Wege, wie Kommunikation gelingen kann. Sketsche von Teammitgliedern unterstreichen dies. Übungen, wie z. B. sich unter einer bestimmten Fragestellung gegenseitig einen Brief in Liebe zu schreiben, vermitteln neue Erfahrungen. Sie wecken Hoffnung, helfen zur Erneuerung der ehelichen Liebe und sind praktische Hilfe für „Ehe-Abende". Diese empfehlen wir für zuhause als wöchentliche Übung zur Liebe, als Stunde der Besinnung. Beispielfragen: „Was habe ich im zurückliegenden Jahr für unsere Beziehung getan? Wie fühle ich mich, wenn ich

das erkenne?" „Du bist Gabe Gottes an mich. Ich bin Gabe Gottes an dich. Wie fühle ich mich, wenn ich mich darauf besinne und es dir sage?"
Die Geschichte des Ortes ermutigte Familien mit Christus, sich für Heiligenbrunn zu entscheiden. Am Anfang stand 1662 ein Bauer, der durch einen Berufsunfall sprechunfähig geworden war und beim Trinken aus der noch heute fließenden Quelle geheilt wurde. Solche Heilungen geschahen in den über 300 Jahren seitdem wiederholt, wovon zahlreiche Votivtafeln in der benachbarten Wallfahrtskirche zeugen.
Auch heute brauchen Ehepaare die Fähigkeit, miteinander zu sprechen. In den Kursen des Familienzentrums wird Zeit zum Ehegespräch geschenkt, biblische Lehre angeboten, wird sakramentale Versöhnung und Kirche als lebendige Gemeinschaft erfahren. Auch heute wird Heil an diesem Ort empfangen.
Wir laden ein, zuerst in die Ehebeziehung zu investieren. Das darin gelebte Vertrauen und die dort fließende Wertschätzung sind wesentlich für gelingende Kindererziehung und einen apostolischen Lebensstil.

Ein Lebensstil der Hingabe
Zum christlichen Leben gehört, sich ganz von Gott lieben zu lassen und sich Ihm hinzugeben (vgl. Gotteslob, Nr. 5). Grundlegende Themen sind, das Ja Gottes zu sich selber und die Berufung zum Menschsein anzunehmen. Das Heilwerden der eigenen Person als Weg zum Heilwerden der Ehe baut darauf auf. So dürfen wir helfen, die eigene Lebensgeschichte und die gemeinsame Ehegeschichte zu betrachten, und einladen, Gottes Liebe heilend zuzulassen.
Das vertiefte Miteinanderreden, die Kommunikation von Herz zu Herz kann fortgeführt werden im gemeinsamen Sein vor Gott, im Ehegebet. Die eheliche Gemeinschaft, „einander erkennen" (vgl. 1 Sam 1,19) in der sexuellen Hingabe, wird als Mittel auf dem Weg zur Heiligkeit dargelegt. Sie kann zu einem Ereignis der Gotteserfahrung werden. Sexualität ist wie ein Feuer: außerhalb der Ehe verbrennt es die Menschen, in der Ehe wärmt es die Partner. Sexualität ist ein guter Gedanke Gottes.

Die Kurse helfen, der ehelichen Beziehung im Leben neuen Vorrang zu geben und die Entscheidung der Liebe zu erneuern. In ihnen wird manche Kluft bewusst und ermutigt, Einheit zu leben. Manchmal geht es darum, sich zu einem entschiedenen Nein durchzuringen um eines größeren Ja zum Ehepartner willen.

Liturgische Eheerneuerung
Im Rahmen der 10-tägigen Kurse hat die persönliche Erneuerung der Sakramente ihren festen Platz. Innerhalb einer Eucharistiefeier besteht die Möglichkeit, das Taufversprechen bzw. die Offenheit für die Gnade der Firmung zu erneuern, einzelne Charismen zu erbitten, sein Leben hinzugeben für den Dienst z. B. in der Kirche.[41] Der Kern der Erneuerung des Eheversprechens lautet:
„Ich nehme dich neu an als meine Ehefrau / meinen Ehemann und will dich lieben, achten und ehren, bis dass der Tod uns scheidet."
Es geht in Freiheit um ein neues oder vertieftes Ja zum Anderen. Warum bis zur Silbernen oder Gold-Hochzeit warten? Manchmal kommt das Ja zögernd, geprägt von leidvollen Erfahrungen, zitternd auf Gott vertrauend für die nächsten nicht leichten Schritte, sich neu umeinander zu bemühen. Manchmal wird es leise abgelesen von einem vorbereiteten Zettel. Andere sprechen frei, persönlich, freudig, entschieden. In den sich anschließenden persönlichen Segnungen mit Handauflegung kommt die Mitteilung des Segens Gottes durch die Kirche besonders stark zum Ausdruck (vgl. Benediktionale, Nr. 31). Die Verleiblichung der inneren Frömmigkeit wirkt bestärkend auf die Beziehung zu Gott und die Gestaltung des Lebens, hier der Ehe (vgl. Gotteslob, Nr. 41). Die radikale Herzensbekehrung ist Voraussetzung für den fruchtbaren Empfang des Sakramentes der Ehe. Das Geheimnis christlicher Ehe wird neu entdeckt, die Erfahrung der Nähe Gottes wird geschenkt. Viele bezeugen es für ihre z. T. an Jahren fortgeschrittene Ehe. Hier wird für die Ewigkeit gebaut: Ehe mit Jesus Christus.
„Eine dreifache Schnur reißt nicht so leicht" (Koh 4,12).

Kirche sein
In der Kursgemeinschaft sind bis zu zwanzig Familien unterwegs. Die Kinder und Jugendlichen leben, spielen und arbeiten inhaltlich in vier Altersgruppen. Dabei werden sie zumeist von je zwei MitarbeiterInnen begleitet. In der Großgruppe mit den Eltern werden Familiengottesdienste gefeiert: z. B. Morgenlob mit ganzheitlichen Elementen oder Eucharistie. Es werden Spielenachmittage oder auch einmal eine Rallye veranstaltet. Die Freizeitgestaltung an Nachmittagen geschieht vorrangig innerhalb der einzelnen Familien, dabei treffen sich im Sommer viele im Freibad wieder.
Hilfreich ist die Verbindung von altersgerechten Impulsen, von familienintegrativen Elementen und Freizeit zur Erholung, Verarbeitung des Gehörten und Einübung neuer Verhaltensweisen. Auch der gemeinsame Dienst nach den Mahlzeiten in der Spülküche gehört dazu. Schon im Kurs stützen sich die Familienmitglieder bei der Umsetzung in den Alltag. Gerade kleinere Kinder tragen dazu durch ihre in den Gruppen gelernten Lieder und biblischen Geschichten bei.
So wird Kirche als lebendige Gemeinschaft erfahren, als „Gemeinschaft des Dialoges"[42] auf der Suche danach, was wahr ist für das eigene Leben, für die eigene Familie.
Begegnungen mit Mitgliedern der Gemeinschaft „Familien mit Christus", die das Geistliche Familienzentrum trägt, unterstützen diese Erfahrung. Die Ermutigung zum Familienapostolat, zum offensiven Glaubenszeugnis und die Zurüstung für eine Fortführung in den heimischen Pfarrgemeinden ist uns ein Anliegen. Praktische Anregungen und geistliche Vertiefung vermitteln z. B. Multiplikatorenschulungen für Ehepaare, die verbindliche christliche Gemeinschaft in Ehepaar- oder Familiengruppen suchen.
Die positive Erfahrung von Kirche im Kleinen nährt immer wieder das Verhältnis zur Kirche am Ort und allgemein. Das Geheimnis Kirche wird lebendig, „der Leib Christi wird in Betrieb genommen", Kirche wird als heilende Gemeinschaft erfahren. Ehepaare werden gleichsam in den Blutkreislauf der Liebe Gottes eingebunden (vgl. Joh 13,33). Gerade für Jugendliche ist die Gemeinschaft mit anderen christlichen

Familien wichtig, da sie solche in einer säkularisierten Nachbarschaft vielleicht nie erfahren haben.
Ein Ehepaar schrieb ein Jahr nach dem Kurs: „Die Ehepartner hatten unerwartet Zeit füreinander, Zeit, in der sie sich bewusst und unter Anleitung mit ihrer Ehe als Sakrament auseinandersetzen konnten. Sehr positiv wurde der Austausch mit den anderen Ehepaaren empfunden, die teilweise schon seit Jahren versuchen, ernsthaft aus ihrem Glauben zu leben. Und zwar nicht nur als Einzelne, sondern auch als Ehepartner oder als Familie. Das war für uns ziemlich neu, wirkte auf uns ‚Neulinge' ermutigend und ansteckend."
Bei einigen Kursen konnte je eine Gruppe Alleinerziehender gebildet werden, die z. T. ein eigenes Programm hatten: Trauer zulassen und ausdrücken, Heilung erbeten, das Gesetz des Negativen zerbrechen, Verheißung zusprechen: „Du führst mich hinaus ins Weite. Du machst meine Finsternis hell" (Ps 18,20. 29), gegenseitige Hilfe im persönlichen Gespräch.

Geistliche Begleitung

Helfendes Füreinander-Dasein wird gestützt dadurch, dass die Ehepartner sich von ihren Kindern ungestört einander zuwenden können. Der Austausch in Kleingruppen, in die die Ehepartner in der Runde getrennt gehen, hat seelsorgliche Züge, z. B. während eines Bibelteilens. Es ereignet sich Kirche. Daraus ergeben sich weitere Gespräche von Frau zu Frau und Mann zu Mann. Die zwei bis vier MitarbeiterInnen im Erwachsenenprogramm stehen für Einzel- und Paargespräche und persönliches Gebet um Heilung lebensgeschichtlicher Erinnerungen zur Verfügung. In den täglichen Gebetszeiten wird Gott gemeinsam gepriesen. In der Hauskapelle ist eucharistische Anbetung möglich, hier kann sich ein jeder von Gott anschauen und lieben lassen, Heilung und Ordnung des Lebens von der Wurzel an erbitten.
In der Gestaltung der Kurse kommen Elemente aus Familienbildung, Beratung, Familienerholung und Gemeindekatechese mit Elementen von Ignatianischen Exerzitien und aus Geistlichen Bewegungen zusam-

men. Der „Erfolg" ist wesentlich durch die innere Bereitschaft der Teilnehmer grundgelegt. Die geistlichen Verwandlungsprozesse werden ermöglicht durch Gebet und Dienste der ehrenamtlichen MitarbeiterInnen bei den Jüngeren und die das Zentrum tragende Gemeinschaft Familien mit Christus. So wird die Entwicklung neuer Kompetenzen für die Gestaltung des Lebens gefördert. Christliche Familien werden wiederhergestellt. Der Slogan auf dem Jahresprogramm stellt dies in einen größeren Rahmen: „Jede erneuerte Ehe ist ein Beitrag zu einer erneuerten Gesellschaft".

Kursformen
Familienwochen stehen unter Themen wie „In der Ehe Gott erfahren", „Wege christlicher Erziehung", „Die Führung Gottes in der Familie erkennen", „Als Familie mit der Bibel leben". Zum Jahreswechsel 1997/1998 wurde erstmalig eine Israel-Reise für Familien durchgeführt, dreizehn Tage unter dem Thema: „Im Lande Jesu als Familie ihm begegnen". In Ora et labora-Wochen geht es vormittags um Mitarbeit in handwerklichen, hauswirtschaftlichen und gärtnerischen Aufgaben, nachmittags Freizeit, abends geistliches Programm.
Ehepaarwochenenden werden zu einzelnen Themen christlicher Ehe wie „Heile Person – heile Ehe" und „Sexualität in der Ehe" angeboten. Bei Familienwochenenden geht es z. B. um Vater-Sohn-Beziehung und um kommunale Familienpolitik. Gerade beim Letzten wird deutlich, dass es im Familienzentrum nicht nur um spirituelle Erneuerung von Ehe und Familie, sondern auch um den Brückenschlag zur Erneuerung der Gesellschaft geht.

Teilnehmer
Die teilnehmenden Ehepaare und Familien kommen aus dem ganzen deutschen Sprachraum, aus inzwischen 36 verschiedenen Diözesen zwischen Luxemburg und Berlin, zwischen Osnabrück und Bozen-Brixen, und sogar aus Polen und Ungarn. Da Familien mit Christus das einzige Geistliche Familienzentrum in der katholischen Kirche im deutschen Sprachraum trägt, ist der Einzugsbereich groß. Die Teilnehmer

sind, das zeigen auch die erheblichen Anfahrtswege, oftmals hochmotiviert. Sie sind Mitglieder der neuen geistlichen Bewegungen wie z. B. Cursillo, Equipes Notre-Dame, Marriage Encounter oder Charismatische Erneuerung und meist in ihren Pfarrgemeinden engagiert. Das Alter der Teilnehmer liegt bei den Erwachsenen mehrheitlich zwischen 30 und 45 Jahren. Mit zahlreichen kinderreichen Familien gemeinsam Urlaub zu machen ist eine Ermutigung; ebenso, den eigenen Eheweg gemeinsam mit Jungverheirateten oder auch fortgeschrittenen Ehepaaren zu betrachten. Für die religiöse Sozialisation der Kinder und Jugendlichen darf man hier Zuversicht und Hoffnung haben. Die Eltern verbindet eine Leidenschaft für Gott und eine Sensibilität für religiöse Erfahrungen.

Ein Vater schrieb nach dem Seminar: „Ich selbst muss immer wieder daran denken, wie mich meine Frau zu diesem Seminar fast mitziehen musste. Ich war sehr skeptisch, und vieles war mir ungewiss. Doch wenn ich heute zurückdenke, habe ich durch dieses Seminar eine Erneuerung unserer Ehe und eine Heilung an Leib und Seele erfahren. Meiner Frau geht es genauso. Inzwischen gehöre ich unserem Männerbibelkreis an, was mir vor einem Jahr noch undenkbar gewesen wäre. In dieser Gemeinschaft vertiefen wir uns im Evangelium und nehmen uns gegenseitig in christlicher Liebe an."

Diese Weiterführung in einer Gemeinschaft von Familien zu Hause, in Bindung an die Pfarrgemeinde und verfügbar für Dienste vor Ort, ist eine der frohmachenden Früchte solcher Familienexerzitienarbeit. Hier wird die Grundspiritualität der Kirche intensiviert, Taufe und Ehesakrament gewinnen neu an Farbe. Hier wird lebendig, was die deutsche Synode 1975 formulierte: „Lebendige Pfarrgemeinden, in denen vielfältige Geistgaben zusammenwirken, sind eines der wichtigsten Ziele kirchlicher Reformbemühungen"[43]. Geistliche Bewegungen leisten hier einen wesentlichen Beitrag zur Verlebendigung der Pfarrgemeinden.

Die wichtigsten Zellen geistlicher Erneuerung sind die christlichen Ehen und Familien. Sie öffnen sich unter dem Wirken des Heiligen Geistes für den Dienst in Kirche und Gesellschaft. Familien entdecken in Gemeinschaft Gleichgesinnter einen neuen Lebensstil – alternativ zur Welt in Gottes Ordnung – und werden zu Zellen der Glaubensweitergabe, der Evangelisation. „Die Kirche, Trägerin der Evangelisierung, beginnt damit, sich selbst zu evangelisieren."[44]

Mitarbeiter
Die Mitarbeiter im Kinder- und Jugendprogramm sind ehrenamtlich im Familienzentrum tätig. Sie bringen sich an Wochenenden oder unter Verwendung ihres Jahresurlaubs ein zum Wohl der Teilnehmer, zum Aufbau lebendiger Kirche. Es sind Erzieherinnen, Pädagogen, Eltern, Großeltern, Jugendliche und Sozialpraktikanten aus pädagogischen und theologischen Ausbildungsgängen. Die Angebote für die Jüngeren in unseren Familienkursen haben das Ziel, Kinder und Jugendliche zu einem herzlichen Verhältnis mit Jesus Christus zu führen. Einige Mitarbeiter sind durch ihren Beruf als z. B. Religionslehrer oder Eheberater qualifiziert; andere haben sich durch langjährige ehrenamtliche Praxis in ihrer Pfarrgemeinde oder Dekanat geschult und bewährt. Auch zwischen diesen jährlich über hundert Mitarbeitern wachsen Beziehungen, ereignet sich Kirche: lebendige Gemeinschaft von Gottsuchern, Verbundenheit im apostolischen Dienst. Dank des hohen ehrenamtlichen Engagements und der Unterstützung durch Spenden ist der Tagessatz günstig.

Gemeinschaft
Einige der MitarbeiterInnen haben sich zusammengeschlossen zu einer verbindlichen Gemeinschaft. Sie stehen miteinander in Verbindung im geistlichen und zwischenmenschlichen Austausch und im gemeinsamen Dienst für Familien. Sie orientieren sich an miteinander vereinbarten Regeln, die sie als Hilfe zu erfüllterem christlichen Leben kennengelernt haben. Sie beten für Familien als Zellen geistlichen Lebens. Diese Gemeinschaft zählt in der Diözese Regensburg zu den neuen geistlichen Bewegungen. Sie ist überdiözesan ausgerichtet und inzwischen in zehn Diözesen vertreten.

"Wenn wir die Ehe mit einem sehr hohen Berg vergleichen, der die Eheleute in die unmittelbare Nähe Gottes bringt, müssen wir uns bewusst sein, dass seine Besteigung viel Zeit und viel Mühe erfordert. Doch ist dies ein Grund, einen solchen Gipfel abzuschaffen oder abzubauen?"

Johannes Paul II.

Segnungsgottesdienst
mit Erneuerung des Eheversprechens

Die Theologie und Praxis des Segnungsgottesdienstes des Katholikentages 2000 in Hamburg (Halle 6 des Messegeländes) ist hier als Argumentations- und Vorbereitungshilfe bei gemeindenahen Glaubensseminaren dargestellt, da sich das Angebot solcher Entscheidungsschritte als sehr hilfreich und fruchtbringend erwiesen hat. Der Text entspricht weitgehend, bis auf das ausführliche Gebet zur Erneuerung des Eheversprechens, dem für dort entworfenen Gottesdienst-Leporello.
105 Personen aus 21 Diözesen dienten beim Segnungsgottesdienst des Katholikentages in Hamburg durch Vorbereitung, Zeugnis und Gebet. In 35 Gruppen (je zwei Laien und ein Kleriker, Bischof, Priester oder Diakon) wurde gesegnet. Dieser Gottesdienst hat Vorläufer in den Gottesdiensten in den Bischofskirchen von Paderborn und Osnabrück seit 1994, zu denen jeweils 2000 bis 3000 Teilnehmer kamen. Es geschieht eine neue Bezeugung des Evangeliums in liturgischen Ausdrucksformen. Dahinter stehen die uralten Bundesverheißungen Gottes. Der Bund Gottes mit seinem Volk ist seine Initiative und bedarf der ausdrücklichen Annahme durch die ganze Kirche und in ihr eines jeden Einzelnen. Diese Gottesdienste sollen in ihrer Vollform am Ende eines mehrwöchigen Glaubensseminars oder eines Weges „Exerzitien im Alltag" stehen.
So vorbereitet können solche Segnungsgottesdienste in die Gemeindepraxis Eingang finden und werden, wie ein Pfarrer im Zeugnis sagte, Teil der alljährlichen Gemeindepastoral. Ein Weihbischof predigte über den Kampf Jakobs am Jabbok (Gen 32) „Ich lasse dich nicht, es

sei denn, du segnest mich". Dann gab es vier persönliche Zeugnisse: eine Studentin über ihren Berufungsweg, ein langjähriger ehrenamtlicher Gemeindemitarbeiter über seine persönliche Tauferneuerung und die Konsequenzen für sein ehrenamtliches Engagement in der Kirche, ein Gemeindepfarrer über Segenshandlungen in seiner Pfarrei und ein Ehepaar über die Erneuerung ihres Eheversprechens und dessen Folgen für ihr Engagement in der Kirche. Durch die Zeugnisse wurde sehr deutlich die kirchliche Dimension persönlicher Glaubensentscheidungen dargelegt und auch deren gesellschaftsverändernde Relevanz.

Das besondere Merkmal dieses Gottesdienstes besteht darin, dass alle Mitfeiernden die Möglichkeit haben, sich persönlich segnen zu lassen. Diese Segensbitte kann zwei Ausprägungen haben: zum einen sich Gott persönlich anvertrauen in den Freuden und Nöten des Alltags, zum anderen den Bund mit Gott erneut annehmen.

Einfache Segensbitte

Ein Zeichen des Weges zu einer persönlichen und direkten Beziehung zu Gott ist die einfache Bitte um seinen Segen. In ihr bringen wir in unserer Alltagssprache unsere Freuden und Nöte vor ihn hin, in der „Zuversicht, dass er uns hört, wenn wir etwas erbitten, was seinem Willen entspricht" (1 Joh 5,14). Solche einfachen Segensbitten sind bereits eine Annahme des Bundesangebotes Gottes. Dabei geht es noch nicht um die Annahme der Gnade der Sakramente oder der Geistesgaben, sondern um eine erste Antwort auf die Zuwendung Gottes, die er in der Taufe dem Einzelnen für immer zugesagt hat.

Während der Segensbitte legen zwei der anwesenden Laien patenschaftlich die rechte bzw. linke Hand auf die Schulter. Sie kann etwa lauten:

„Ich bitte um einen Segen für mein krankes Kind." – „Ich bitte Gott um seinen Segen für unsere ganze Familie." – „Wir bitten Gott um ein glaubwürdiges Zeugnis unseren Kindern gegenüber, damit sie mehr und mehr in die Beziehung zu ihm hineinwachsen." – „ Ich bitte Gott, mir in meinen gesellschaftlichen Aktivi-

täten das rechte Wort zu geben, damit viele empfindsamer werden für das Unrecht, das anderen geschieht." – „Ich möchte einen neuen Weg mit Gott beginnen und bitte ihn, mir nahe zu sein." – „Ich mache mir Sorgen darüber, wer später einmal für mich sorgt und bitte Gott, dass er auch in meinem Alter zu mir hält."

Nach der Segensbitte stellen die beiden Laien sich vor den Betreffenden und zeichnen ein Kreuz auf die Stirne mit den Worten:

„Zu deinem weiteren Weg segne dich der gütige und barmherzige Gott, der Vater und der Sohn und der Heilige Geist. Er erhöre dein Gebet und sei mit dir. Amen."

Anschließend spricht der Priester bzw. Diakon unter Auflegen oder Ausbreitung der Hände ein Segenswort und segnet mit dem Handsegen. Seine Segensworte greifen nach Möglichkeit den Inhalt der Segensbitte auf, so dass hier zugleich der Antwortcharakter der Liturgie deutlich wird: ein Segenszuspruch ist nicht lediglich Ausdruck menschlicher Zuwendung, sondern ein Geschenk von Gott her, das dazu befähigt, seine Zuwendung tiefer anzunehmen.

Zum Abschluss entbieten die Anwesenden dem/der Betreffenden den Friedengruß mit Handschlag und sprechen nach Möglichkeit einen persönlichen Glückwunsch aus.

Den Bund mit Gott erneut annehmen

Der Anfang des Weges einer persönlichen und direkten Beziehung zu Gott ist die einfache Bitte um seinen Segen. Ein weiterer Glaubensschritt ist die vertiefte Annahme des Taufbundes. In der Taufe, die wir zumeist als kleine Kinder empfangen haben, hat Gott mit jedem Einzelnen einen Bund der Liebe und Treue geschlossen. Geben wir ihm in der Freiheit, die er selbst uns schenkt, die Antwort des Vertrauens (GL 5; 50,2)! In unserem „Gotteslob" ist ausdrücklich auch eine „Erneuerung des Firmversprechens für einzelne" vorgesehen (GL 52,4). Das „Gebet zur Firmerneuerung" (52,5) ist deshalb auf die Person des Einzelnen bezogen. In ihm bitten wir Gott, uns zum Dienst in Kirche und Gesellschaft auszurüsten und zu befähigen.

Gott hat in Taufe und Firmung jedem auch besondere Gnadengaben (Charismen) zum Dienst in Kirche und Gesellschaft zugeteilt und angeboten. Sie werden vom Geist Gottes geläutert, entfaltet und in der jeweiligen Situation neu in Dienst genommen.

Auch auf die Möglichkeit einer Bekräftigung des Eheversprechens sei hingewiesen. In der Bibel wird der Bund Gottes mit dem Menschen mit der Ehe verglichen (Jes 62,5; Hos 2,21f; Jer 2,2; Eph 5,25f). Vielleicht haben einige den Wunsch, in dankbarer Erinnerung an ihren Hochzeitstag im festlichen Rahmen dieser Feier ihr Eheversprechen zu erneuern: *„Vor Gottes Angesicht nehme ich dich neu an als meine Ehefrau/als meinen Ehemann"*. Dabei können sie sich die Hand reichen, einander neu den Ring der Liebe und Treue anstecken oder mit einem Kreuzzeichen auf die Stirn segnen.

Auch der Empfang des Bußsakramentes kann ein bewusster Schritt zu einer Vertiefung des Bundes mit Gott sein.

Für die Segnungen stehen verschiedene durch Zahlen an den Wänden gekennzeichnete Orte zur Verfügung. Bischöfe, Priester und Laien halten sich dort zum Dienst der Segnung bereit. Man kann dabei sitzen, stehen oder knien.

Der Besuch des Gottesdienstes ist auch ohne persönliche Segnung sinnvoll.

Erneute Annahme des Tauf- und Firmbundes

„Heiliger, barmherziger Gott, ich nehme neu den Bund an, den du durch Jesus Christus in der Taufe für immer mit mir geschlossen hast.

Ich bitte dich: Gieße jetzt deinen Heiligen Geist über mich aus und gib mir die Kraft, immer mehr dir zu gehören. Erleuchte meinen Verstand, stärke meinen Willen, läutere meine Gefühle und meine Wünsche. Sei du der Herr in meinem Leben und erlöse mich von dem Bösen.

Ich widersage dem Misstrauen gegen dich und bitte dich: Nimm alles von mir, was mich von dir trennt.

Ich danke dir, dass du mich bejahst, so wie ich bin. Verändere mich so, wie du mich haben willst.

Ich bin bereit, alle Geistesgaben anzunehmen, die du mir schenken willst. Erneuere in mir die Gnade der Firmung. Mache mich zu einem lebendigen Glied deiner Kirche. Gib mir Kraft und Ausdauer im Einsatz für Gerechtigkeit und Frieden.

Ich will dich lieben und verehren, solange ich lebe. Amen."

Bekräftigung und Erneuerung des Eheversprechens

Ehefrau:

„Ich bekräftige den Ehebund, den ich mit dir geschlossen habe. Ich nehme dich heute vor Gottes Angesicht neu an als meinen Mann. Ich erneuere mein Versprechen, dir die Treue zu halten in guten und in bösen Tagen, in Gesundheit und in Krankheit. Ich will dich lieben, achten und ehren, solange ich lebe."

Ehemann:

„Ich bekräftige den Ehebund, den ich mit dir geschlossen habe. Ich nehme dich heute vor Gottes Angesicht neu an als meine Frau. Ich erneuere mein Versprechen, dir die Treue zu halten in guten und in bösen Tagen, in Gesundheit und in Krankheit. Ich will dich lieben, achten und ehren, solange ich lebe."

Entfaltetes Gebet zur Erneuerung des Eheversprechens

Herr Jesus Christus!

Wir kommen zu dir, um einander neu zu versprechen, dass wir uns gegenseitig lieben, achten und ehren wollen in Treue bis an unser Lebensende.

Herr, wir danken dir für die Stunde der Zeugung unseres Ehegatten, da du zugegen warst, deinen Segen gabst und schon vorab einen Plan mit ihm hattest.

Wir danken dir für die Jahre, in denen du ihn begleitet hast und ihm Eltern und gute Erzieher gabst.

Wir danken dir für die Stunde, in der wir uns mit den Augen der Zuneigung erstmals anschauten, für den Weg der Freundschaft, da wir zärtlich aufeinander zugingen und uns einübten in die Zuwendung.

Danke, Herr, dass du bei der Verlobung in der österlichen Auferstehungsfeier bei uns warst und du dich schon vor unserer bewusst vollzogenen Entscheidung für dich aus Gnade in unsere Mitte begeben hast.

Im Sakrament der Ehe hast du uns einander verbunden und hast deinen Treue-Bund zu deiner Kirche unserer Treue zum Vorbild gegeben.

In den zehn Jahren unserer Ehe hast du uns gelehrt und immer tiefer eingeführt, einander zu achten und zu lieben, füreinander da zu sein und nicht zuerst uns selbst im anderen zu suchen.

Herr, die Liebe, die wir einander schenken dürfen, nehmen wir dankbar an als leibhaftiges Zeichen deiner Liebe zu uns.

Herr, dein heiliger Geist schafft deinen Himmel zwischen uns beiden. Du selbst hältst in uns die Hölle nieder, in die du hinabgestiegen bist. Wir sagen heute neu ja zu dem Himmel, den du uns schenkst.

Du hast uns mit drei Kindern gesegnet, Ausdruck unserer Liebe und Zeichen deiner lebensspendenden Gegenwart. Danke, dass wir für sie da sind, ihnen Lebenshilfe geben dürfen.

*Danke, dass wir durch unsere Kinder und durch einander
Heilung der Lebensgeschichte und helfende Korrektur empfangen dürfen. Gerade in den Tagen des Leidens, der Sorge und
Angst, der Tränen haben wir erkannt und erfahren, dass wir in
dir einander verbunden sind und aus deiner Kraft einander Hilfe
und Stütze sein dürfen und können.*

*Du hast uns auch gelehrt, einander zu ertragen und zu
verzeihen, wo wir gefehlt haben, uns gegenseitig lieblos Lasten
auferlegten und einander verletzten. Danke, Herr, für das
Geschenk der Vergebung in der Ehe.*

*Wir danken einander für alle Erfahrungen der Treue, dass wir
uns beieinander freuen können über unseren gemeinsamen
Lebensweg und über deinen Weg, den du mit uns gegangen bist.*

*Herr, wir sehen einander heute mit neuen Augen, der Blick der
Liebe wurde in unseren Ehejahren dahin verwandelt, dass er
mehr nach der Art deiner Liebe ist.*

*Wir bejahen heute einander neu vor dieser Gemeinde.
Unser neues Ja hat eine größere Klarheit, da wir uns immer
mehr erkennen durften. Unser Ja gilt heute nicht nur einander,
sondern auch unseren Kindern und den Menschen, für die zu
sorgen in Kirche und Welt uns aufgetragen ist.*

*Herr, deine Güte, deine Liebe drängt uns, unsere Ehe neu vor
dich zu tragen und einander anzunehmen und anzuvertrauen.
So nehmen wir uns heute vor Gottes Angesicht neu als dein
Charisma, als dein Geschenk an uns an.*

*Meine liebe Frau, ich lasse dich mir von Gott neu schenken.
Ich möchte mit dir mein ganzes Leben lang zu Gott gehen.
Ich verspreche dir, meiner Frau, heute neu die Treue in guten
und bösen Tagen, in Gesundheit und Krankheit. Ich will dich
lieben, achten und ehren, solange ich lebe.*

*Herr, segne unsere Ehe neu. Schenke uns Kraft für alle guten
und schweren Stunden, die wir zukünftig aus deiner Hand
empfangen werden.*

Mache uns zum Segen für unsere Kinder und die Menschen, die du uns schickst.
Schenke uns dazu in besonderer Weise das Charisma der Gastfreundschaft.
Mache uns zur Hilfe für andere Ehepaare und heile du durch uns Ehen.
Herr, wir danken dir, dass du uns im Sakrament der Ehe bleibend gegenwärtig, lebendig schöpferisch nahe bist, dass wir dich im Sakrament der Ehe immer zu Hause haben, verbindlich zugesagt von deiner Kirche.
Herr, schenke uns deine Gnade, dass wir einander freigeben für den Plan, den du mit jedem hast, dass wir einander helfen zum Ziel, das du bist.
Vater im Himmel, wir vertrauen uns dir gegenseitig an. Unsere gemeinsame Zeit ist begrenzt. Im Tod wirst du jedem deine Fülle anbieten, nach der wir uns schon heute gemeinsam ausstrecken. Im Tod werden wir durch die Kraft deiner Auferstehung noch inniglicher miteinander verbunden werden und deine Herrlichkeit schauen.
Wir preisen dich, Herr, du bist die Liebe, die uns an dich zieht. Amen.

Gebet zur Bekräftigung des Ehebundes am 12. 5. 1983
anlässlich des zehnjährigen Ehejubiläums
von Angelika & Franz-Adolf Kleinrahm

Gebete der Hingabe

„*Mein Herr und mein Gott, nimm alles von mir, was mich hindert zu dir. Mein Herr und mein Gott, gib mir alles, was mich fördert zu dir. Mein Herr und mein Gott, nimm mich mir und gib mich ganz zu eigen dir.*"

Hl. Nikolaus von Flüe

"Mein Vater, ich überlasse mich dir. Mach mit mir, was dir gefällt. Was du auch mit mir tun magst, ich danke dir. Zu allem bin ich bereit, alles nehme ich an. Wenn nur dein Wille sich an mir erfüllt und an allen deinen Geschöpfen, so ersehne ich weiter nichts, mein Gott.
In deine Hände lege ich meine Seele. Ich gebe sie dir, mein Gott, mit der ganzen Liebe meines Herzens, weil ich dich liebe und weil diese Liebe mich treibt, mich dir hinzugeben, mich in deine Hände zu legen, ohne Maß, mit einem grenzenlosen Vertrauen. Denn du bist mein Vater."

Charles de Foucauld

"Nimm hin, o Herr, meine ganze Freiheit. Nimm an mein Gedächtnis, meinen Verstand, meinen ganzen Willen. Was ich habe und besitze, hast du mir geschenkt. Ich gebe es dir wieder ganz und gar zurück und überlasse alles dir, dass du es lenkst nach deinem Willen. Nur deine Liebe schenke mir mit deiner Gnade. Dann bin ich reich genug und suche nichts weiter."

Hl. Ignatius von Loyola

Jeder Christ ist durch die Taufe befähigt, andere zu segnen: „Das Auflegen oder Ausbreiten der Hände bei der Segnung von Personen bringt die Bitte um den Segen Gottes und die Mitteilung des Segens durch die Kirche besonders stark zum Ausdruck" (Benediktionale, Einführung § 31). Gott segnet uns durch die Mitchristen, durch die Kirche. So kann sie für uns zu einer befreienden und erfreuenden Gemeinschaft werden.

Zur Vertiefung
Eine Hinführung zu Schritten auf den Glaubensweg findet sich in dem Handbuch der Neu-Evangelisierung: Heribert Mühlen, Neu mit Gott. Freiburg ⁴2000. Das Buch ist die Vorlage für ein Glaubensseminar. Die Teilnehmer treffen sich in einem Zeitraum von acht Wochen wöchentlich zu Austausch und Gebet. Zentrum des Seminars sind die beiden liturgischen Feiern: Aufarbeitung negativer Lebenserfahrungen in

einem Gebet um innere Heilung; Liturgie der vertieften Annahme der sakramentalen Zuwendung Gottes und der Geistesgaben.
Eine Dokumentation früherer Segnungsgottesdienste, ihre Grundlagen und Reflexion ist enthalten in: Heribert Mühlen, Kirche wächst von innen. Weg zu einer glaubensgeschichtlich neuen Gestalt der Kirche. Paderborn 1996.

Damit unsere Ehe schöner werde
Eine Übersicht ehespiritueller Kurse

Sucht ein Ehepaar geistlichen Nachschub für seine Ehe und Anregungen, um Familie christlich zu leben, suchen die Partner die Erfrischung für ihre Liebe, so finden sie eine Vielzahl von Angeboten. Dieses Kapitel will eine kleine Orientierungshilfe bei der Suche sein. Lassen Sie sich ein auf eine erneuerte, herzlichere Beziehung zu Ihrem Ehegatten/Ihrer Ehegattin, Ihren Kindern und zu Gott. Entfachen Sie das alte Feuer neu. Oder entdecken Sie als an Ehejahren fortgeschrittenes Paar, dass Sie den „guten Wein" bis zuletzt aufbewahrt haben und nun verkosten dürfen. Ich bin überzeugt, dass jede erneuerte Ehe ein Beitrag zu einer erneuerten Gesellschaft ist.

In den Diözesen (www.dbk.de; www.kath.de) bieten die Referate „Ehe und Familie" in den Bischöflichen Ordinariaten / Generalvikariaten sowie verschiedene kirchliche Verbände vor allem Wochenenden für Paare und Familien an: von Brautleutewochenenden, Kursen für Paare mit nicht schulpflichtigen Kindern bis hin zu Silberhochzeitspaaren und Stieffamilien. Einige Diözesen fassen solche Angebote verschiedenster Veranstalter in einem Jahresprogramm zusammen, erhältlich bei den Diözesanreferaten „Ehe und Familie". Ähnliches ist in den evangelischen Kirchen zu finden (www.ekd.de; www.lkg.de).

Einige Bildungshäuser bieten spezielle Eheseminare und Familienkurse an. Die Termine-Spalten in manchen Zeitschriften weisen solche Angebote aus. Es ist hier nicht möglich, eine umfassende Übersicht vorzulegen.

Eine deutsche Zentrale für familienpädagogische und familienpasto-

rale Fortbildung ist die Arbeitsgemeinschaft Katholische Familienbildung in Bonn www.akf-bonn.de. Dort finden sich auch Informationen zu EPL (Ein partnerschaftliches Lernprogramm) und KEK (Kommunikationskurs für langjährig verheiratete Paare), mit einer alphabetischen Anbieterübersicht von Aachen bis Würzburg.
Adressen von katholischen Exerzitienhäusern finden sich auf der Homepage der Arbeitsgemeinschaft der deutschen Diözesan-Exerzitien-Sekretariate (ADDES) in Bonn www.exerzitien.org. Eine Übersicht über neue geistliche Bewegungen in der katholischen Kirche mit zahlreichen Links findet sich unter www.geistliche-gemeinschaften.de. Die Homepage der Bewegung Hauskirche unter Leitung des österreichischen Familienbischofs DDr. Klaus Küng www.hauskirche.at.
„Family" ist eine ehe- und familienspirituelle Vierteljahreszeitschrift. Die Autoren kommen überwiegend aus evangelischen Landes- und Freikirchen. Sie will nicht nur Probleme und Lösungen in und um Familien wahrnehmen, sondern auch von der Bibel und vom christlichen Glauben her eine Perspektive geben. Bei einer Auflage von 65 000 kann sie auch an zahlreichen Kiosken gekauft werden. Family. Bundes-Verlag, Bodenborn 43, 58452 Witten; www.family.de.
Die meisten neueren geistlichen Gemeinschaften und Bewegungen in der katholischen und in den evangelischen Kirchen bieten bei wenigstens einigen ihrer Tagungen Kinderbetreuung an. Sie unterscheiden sich darin, dass jede Gemeinschaft den ganzen christlichen Glauben aus einer anderen Perspektive sieht und dadurch ihre Prägung erfährt. Dabei sind eigene Methoden gewachsen, die den Schritten christlichen Glaubens Raum und Hilfe geben. Einige Bewegungen sind ausdrücklich ehespirituell ausgerichtet. Diese werden hier vorgestellt.

Équipes Notre-Dame – Gemeinschaft von Ehepaaren (END)

Die END entstand 1938 in Paris als eine Gruppe junger Ehepaare. Sie suchten Antwort auf die Frage, wie ein Leben aus dem Glauben auch und gerade in der Ehe gelingen kann. Heute gibt es weltweit etwa 5600 END-Gruppen. Dabei treffen sich drei bis sechs Ehepaare monatlich zu einem Gruppenabend. Mitglieder der Bewegung helfen den sich neu

bildenden Gruppen durch einen einjährigen „Lotsendienst" beim Aufbau und führen hin zum Verständnis der Berufung des christlichen Ehepaares in Kirche und Welt. Die schriftlichen Arbeitshilfen sind aus der Praxis geistlich suchender Paare erwachsen. Jährlich wird ein Sommer-Ferienseminar angeboten.
H. & M. Hofer, Karl-Valentin-Str. 25, 85757 Karlsfeld; http://mitglied.tripod.de/~END/end1.htm.

Familien mit Christus
Aus der 1985 begonnenen Seminararbeit entstand 1989 eine katholische Gemeinschaft aus Familien, deren Mitglieder in zehn Diözesen leben. In der Erneuerung des Tauf- und Eheversprechens finden Ehepaare zu einem persönlichen, freudigen, entschiedenen Verhältnis zu Jesus Christus und zum Ehepartner. Das Geheimnis christlicher Ehe wird neu entdeckt und wirkt sich aus im Alltag. Im Geistlichen Familienzentrum in Heiligenbrunn (Kreis Landshut) gehen Familien mit Kindern jeglichen Alters bei Kursen diesen Weg. Die ca. 20 Kurse im Jahr dauern zwischen zwei bis vierzehn Tagen, sie vermitteln Impulse zur christlichen Gestaltung des Alltags: Beziehungswochenenden „Väter-Söhne", Jugendwochenende für 14- bis 20-Jährige, Brautleutewochenende, Familienexerzitien, Elternschule, Familienerholungen mit geistlichem Programm, Ora et labora mit der Familie, Familien-Camping, Familien-Pilgerreise nach Israel mit Kindern ab 10 Jahren.
Familien mit Christus, Geistliches Familienzentrum, Heiligenbrunn, 84098 Hohenthann; www.FamilienMitChristus.de.

Family Life Mission (FLM)
FLM begann 1957 mit der Seelsorge-, Vortrags- und Literaturarbeit des evangelischen Pfarrerehepaares W. & I. Trobisch. Die daraus erwachsene Missionsarbeit in Europa und Afrika hat das Ziel, Menschen zur ehelichen Partnerschaft durch Vergebung, innere Heilung, Erneuerung und Vertiefung des Dialogs zu ermutigen.
H.-J. & R. Heil, Bitscher Str. 38, 66996 Fischbach / Dahn; www.flm-int.de.

Kana

Kana ist das Angebot für Ehepaare (mit Kindern) der 1973 in Lyon entstandenen Gemeinschaft „Der neue Weg" (Chemin Neuf). Die Fraternität Kana wird gebildet von Ehepaaren, die sich in dieser Gemeinschaft in den Dienst anderer Ehepaare und Familien stellen. Die Kana-Wochen helfen, Jesus in das eigene Eheleben einzuladen, damit es – wie bei der Hochzeit zu Kana – guten Wein gibt in der ehelichen Beziehung. Gemeinschaft Chemin Neuf, Fehrbelliner Str. 98/99, 10119 Berlin: www.chemin-neuf.org/DE.

Liebe und Wahrheit

Diese Initiative ist Teil der „Gemeinschaft Emmanuel", die 1972 in Paris begann und heute als internationale Bewegung ihr geistliches Zentrum in Paray-le-Monial (Burgund) hat. Schwerpunkte in Deutschland sind in Altötting, München, Würzburg und Frankfurt. Liebe und Wahrheit organisiert – meist in Pfarreien – Zyklen von je drei Wochenenden für Ehepaare und Familien, um eine Neubesinnung im Glauben für die Eheleute und eine Erneuerung ihres Ehe- und Familienlebens im Gebet und aus den Sakramenten zu ermöglichen.
J. & A.-F. Vater, Föhrengrund 3, 82349 Pentenried; www.emmanuel-info.com/de.

Marriage Encounter (ME)

Bei Wochenendseminaren (um 1970 in USA entwickelt) wird der Dialog im Paar ausführlich praktiziert. ME wendet sich an Alltags-Ehen, die „funktionieren", und bietet die Gelegenheit, einander zu entdecken und die gegenseitige Beziehung in den Mittelpunkt zu rücken; frei von Ablenkungen durch die Kinder und den Belastungen des Alltags. Wer nach dem Wochenende diesen Weg weitergehen möchte, kann an „Brückenabenden" als Hinführung zu regelmäßigen Treffen mit einer Gruppe teilnehmen, damit die Erneuerung des Ehelebens keine einmalige Erfahrung, sondern ein fortschreitender Prozess sein kann.
H. & R. Götz, Seefelder Str. 34, 86163 Augsburg; www.wwme.de.

Schönstatt-Familien

Innerhalb des Schönstatt-Werkes (1914 von P. Josef Kentenich bei Koblenz gegründet, ca. 100.000 Mitglieder) sind drei der fünfundzwanzig Untergliederungen familienorientiert: Familienliga, Familienbund, Familienverband. Die Botschaft Schönstatts ist, Menschen hineinzuführen in das tiefgreifende Bündnis mit der Gottesmutter Maria, damit das Liebesbündnis mit dem dreifaltigen Gott unverlierbar, tief, unzerreißbar wird und bleibt. Die drei Familienformationen unterscheiden sich durch den Grad ihrer Verpflichtung zum Apostolat, zur Selbstheiligung und zur Gemeinschaft.
Familienliga, Höhrer Str. 111, 56179 Vallendar.
Familienbund, Am Sonnenhang 21, 56179 Vallendar.
www.familienbund.de, www.eheteam.de
Familienverband, Wendelinshof 1, 56179 Vallendar.
Auf der Seite aller Schönstatt-Gliederungen www.schoenstatt.de findet sich auch eine umfangreiche Link-Liste „Kirche im Internet".

Team F

Team F, ehemals „Neues Leben für Familien" (NLF), bietet mit Mitarbeitern aus verschiedenen Kirchen und Freikirchen seit Beginn der 80er Jahre Seminare, Freizeiten, Schulung und Medienarbeit (z. B. Mühlan-Mediendienst und zweimonatlich TIPS für die christliche Familie) an. Es geht darum, Ehepaare und Familien zu einem Lebensstil nach dem Konzept der Bibel anzuleiten. Durch die Regionalisierung der Arbeit mit hauptamtlichen und zahlreichen ehrenamtlichen Mitarbeitern ist ein umfängliches Seminarangebot möglich.
Team F, Berliner Str. 16, 58511 Lüdenscheid; www.team-f.de.

Drei regional tätige Anbieter

In der Landeskirche in Württemberg arbeiten zwei Initiativen ähnlich mit Ehepaaren und Familien:
Wörnersberger Anker, Christliches Lebenszentrum, Hauptstraße 32, 72299 Wörnersberg, www.ankernetz.de .

Kirche im Aufbruch, Nordalb 1, 73326 Deggingen, www.kirche-im-aufbruch.de.

Ein ökumenisches Angebot von Ehe-Exerzitien und Familienwochen macht: *Jesus-Bruderschaft,* Gnadenthal, 65597 Hünfelden.

Onesimus

Kinder- und Jugendprogramm bei Familienwochenenden und Familienwochen (von Anne Rosner)

Es gibt zahlreiche sehr gute Arbeitshilfen für eine Glauben weckende bzw. Glauben vertiefende Kinder- und Jugendarbeit. Hier wird ein Beispiel vorgestellt, wie es im Laufe eines Jahres wiederholt, aber in unterschiedlichen Gestaltungen mit unterschiedlichen Gruppen durchgeführt wurde.

Materialvorlagen

Brief des Apostels Paulus um 55 n. Chr. an **Philemon**. Dieser kurze Brief (25 Verse) gibt uns nur ein paar Anhaltspunkte. Für den Jugendroman hat sein Autor, Professor für katholische Religionspädagogik, die Zeit der ersten Christen sorgfältig recherchiert. Es ist hilfreich, sich mit Onesimus zu identifizieren und mit „innerer Freiheit" die Geschichte zu erzählen (siehe Vorwort der KiBiWo, Arbeitshilfe zur Kinderbibelwoche). Aus diesem Grund gibt es zwischen den beiden herangezogenen nachfolgend genannten Hilfen auch einige nicht auflösbare Unterschiede. Der Mitarbeiter, die Mitarbeiterin sollte sich für den persönlichen Weg mit Onesimus entscheiden.

Ein packender **Jugendroman** aus dem Leben der ersten Christen im Römischen Weltreich: Josef F. Spiegel, Ich will Freiheit. Der Weg des Sklaven Onesimos, Herder 1989, Oncken 1996, 158 Seiten.

Katechetisch ausgearbeitet als **Kinderbibelwoche**: Abenteuer mit Onesimus, Evangelisches Jugendwerk in Württemberg (Hg.), Danneckerstr. 19a, 70182 Stuttgart, 52 Seiten.

Wochenendprogramm für Jugendliche (ab dem 5. Schuljahr)

Freitagabend
Onesimus wird vorgestellt als unzufriedener Sklave im christlichen Haus des Philemon. Er selbst ist kein Christ, bekommt aber in verschiedenen Versammlungen, die im Haus des Philemon stattfinden, einiges mit. Er hört u. a. auch von Paulus, der der Gemeinde von Kolossä einen Brief geschrieben hat. Diesen liest Philemon an einem Abend der christlichen Gemeinde vor. So wird Onesimus neugierig und erfährt auch, dass Paulus in Ephesus im Gefängnis sitzt. An diesem Abend beschließt Onesimus, wegzulaufen und nach Ephesus zu kommen, um dort zu versuchen, Paulus kennenzulernen und mit ihm zu sprechen.
(Siehe Roman, Kapitel 1–3)

Samstagvormittag
Onesimus ist weggelaufen und befindet sich auf dem Weg nach Ephesus. Dort kommt er am Haus von Aquila und Priscilla vorbei, das einen Fisch als Erkennungszeichen der Christen trägt. Er lernt das Ehepaar kennen und findet in ihrem Haus eine Bleibe. Ihnen erzählt er auch, dass er Paulus kennenlernen möchte.
Priscilla bekommt eine Besuchserlaubnis für Onesimus, dieser macht sich sofort auf den Weg ins Gefängnis. Er kommt zu Paulus und findet in ihm einen Freund. Ihm erzählt er auch seine Geschichte und Paulus erzählt ihm von Jesus. Onesimus wird immer neugieriger auf diesen Jesus und will mehr von ihm wissen.
(Siehe Roman, Kapitel 4–6; 13–16; 19)

Samstagnachmittag
Onesimus will Christ werden, Paulus soll ihn taufen. Gleichzeitig möchte er aber auch die Sache mit Philemon wieder in Ordnung bringen. Paulus verspricht ihm, dass er ihm einen Brief mitgeben wird als Empfehlungsschreiben für Philemon. Er bittet ihn, Onesimus, der jetzt Christ ist, als Bruder und nicht mehr als Sklaven bei sich aufzunehmen.

Mit diesem Brief macht Onesimus sich auf den Rückweg nach Kolossä.
Er gibt dort Philemon den Brief, beide versöhnen sich.
(Den Philemonbrief aus der Bibel hier vorlesen.)
(Siehe Roman, Kapitel 22–30)

Samstagabend
Bibelgespräch zum Philemonbrief nach der 7-Schritte-Methode. Dies „Bibelteilen" möchte helfen, die Verbindung zwischen dem Wort Gottes und dem eigenen Leben bewusster zu machen.[45]
Abschließend kann ein kleines Versöhnungsfest gefeiert werden.
(Siehe Roman, Kapitel 31)

Wochenendprogramm für Grundschüler

Freitagabend
Henriette (Maus) stellt sich vor. Sie erzählt von Philemon, der Wollweber in Kolossä ist und in seinem Haus Sklaven hat. Einer der Sklaven ist Onesimus, Henriettes Freund. Philemon ist Christ, in seinem Haus finden Gemeindeversammlungen statt.
Henriette erzählt, dass ihr Freund Onesimus weglaufen möchte und eine Flucht plant; er weiß sogar schon, wann. Er soll für Philemon Wolle in den Bergen einkaufen, das ist ein guter Anlass.
(Siehe Roman, Kapitel 1–3)

Samstagvormittag
Maus ist wieder da und erzählt, dass Onesimus wirklich weggelaufen ist. Sie will ihm nach und mit ihm weiterziehen, ihren Freund nicht im Stich lassen.
Henriette macht sich auf den Weg. An der Kreuzung, wo der Weg nach Ephesus weggeht, trifft sie auf Onesimus. Er freut sich, dass Henriette da ist und er jetzt nicht mehr alleine ist.
Sie machen sich auf den Weg nach Ephesus. Dort kommen sie an einem Haus vorbei, das einen Fisch trägt. Dieses Zeichen kennt Onesimus von Philemon, es ist das Geheimzeichen der Christen.
So lernt er das Zeltmacherehepaar Aquila und Priscilla kennen, die ihm

auch von Paulus erzählen. Onesimus wird neugierig auf diesen Paulus, er will ihn kennenlernen.
Priscilla bekommt für ihn eine Besuchserlaubnis fürs Gefängnis, in dem Paulus sitzt. Damit machen sich Onesimus und Henriette auf den Weg zum Gefängnis. (Siehe Roman, Kapitel 4–6; 13–16)

Samstagnachmittag
Onesimus und Henriette sind bei Paulus im Gefängnis. Dort findet Onesimus in Paulus einen Freund, dem er seine Geschichte erzählt; Paulus hört ihm geduldig zu, dann erzählt er ihm von Jesus. Daraufhin beschließt Onesimus, dass er Christ werden möchte. Er lässt sich von Paulus taufen. Damit auch alles in Ordnung kommt, will Onesimus, gestärkt und getrieben durch den Glauben an Jesus, die Sache mit Philemon in Ordnung bringen. Paulus verspricht ihm, einen Brief an Philemon mitzugeben, den er ja auch kennt.
(Siehe Roman, Kapitel 19; 22)

Samstagabend
Onesimus erhält den Brief von Paulus und macht sich auf den Weg zurück nach Kolossä. Er gibt Philemon den Brief. Sie versöhnen sich und Onesimus kehrt als Bruder – nicht mehr als Sklave – zurück in das Haus Philemons.
Sie feiern gemeinsam ein Fest.
(Siehe Roman, Kapitel 23–32)

10-Tage-Kurs für Jugendliche (ab dem 5. Schuljahr)

1. Tag
Nachmittag: Vorstellen der einzelnen Gruppenmitglieder.
Abend: Einführung in die Kinderbibelwoche (Kibiwo): Onesimus wird vorgestellt als Sklave des Wollwebers Philemon, der in Kolossä lebt. Philemon selbst ist Christ, in seinem Haus finden Gemeindeversammlungen statt, in denen u. a. auch die Briefe des Paulus an die Gemeinde in Kolossä gelesen werden. Onesimus selbst ist kein Christ.

2. Tag
Vormittag: Onesimus wird näher vorgestellt, bereits Bekanntes wird zusammengefasst und wiederholt. Es wird hervorgehoben, dass Onesimus selbst kein Christ ist, als Sklave aber bei den Gemeindeversammlungen anwesend ist und so auch schon von Jesus und Paulus gehört hat. Der Sklave Onesimus genießt eine Vertrauensstellung bei seinem Herrn.
Onesimus ist mit sich unzufrieden, da er gerne frei sein möchte. Deshalb denkt er an eine Flucht. Er spielt ganz praktisch den Gedanken an eine Flucht durch, wie es gehen könnte.
Gemeinsames Tun: überlegen, wie es bei Philemon im Haus ausgesehen hat, und dieses gemeinsam gestalten.
Abend: Onesimus entschließt sich zur Flucht zum nächstmöglichen günstigen Zeitpunkt.

3. Tag
Vormittag: Onesimus erhält von seinem Herrn einen Auftrag, er soll Wolle aus den Bergen einkaufen. Hier ergibt sich für Onesimus die Gelegenheit, seine Fluchtgedanken in die Tat umzusetzen.
Er macht sich auf den Weg nach Ephesus, dort weiß er, dass Paulus im Gefängnis ist.
Gemeinsames Tun: Landkarte ansehen, Weg von Kolossä nach Ephesus suchen,
Gespräch über Flucht: An was muss er denken? Was will er mitnehmen? Was lässt er zurück, damit seine Flucht nicht gleich auffällt?
Geländespiel „Auf der Flucht" (Kibiwo, evt. Stationen erschweren, ändern).
Abend: Gespräch über Flucht heute: Wer muss fliehen? Warum? Die Weltkarte anschauen. Vergleichen mit Onesimus damals.

4. Tag
Vormittag: Onesimus kommt nach Ephesus, dort irrt er erst einmal ziellos durch die Stadt. Auf diesem Weg kommt er an einem Haus vorbei, das einen Fisch trägt. Dieses Zeichen erkennt er als Symbol, dass

hier Christen leben. So lernt er das Zeltmacherehepaar Aquila und Priscilla kennen und findet dort eine vorläufige Bleibe. Er kommt mit ihnen ins Gespräch und fragt auch nach Paulus.
Gemeinsames Tun: Rollenspiel in Kleingruppen: Kennenlernen, erste Begegnung zwischen Onesimus und dem Zeltmacherehepaar; aus alten Leintüchern und Bettlaken Kleidung nähen (siehe Kibiwo) und diese auch gestalten.
Abend: Onesimus erkundigt sich nach einer Möglichkeit, Paulus im Gefängnis zu besuchen. Priscilla will versuchen, für ihn eine Besuchserlaubnis zu bekommen.

5. Tag
Vormittag: Onesimus erhält die Besuchserlaubnis für Paulus und macht sich auch gleich auf den Weg, um ihn im Gefängnis zu besuchen. Dort lernen sich die beiden kennen. Onesimus findet in Paulus einen Freund und erzählt ihm seine Geschichte. Paulus erzählt ihm von Jesus (eventuell auch von seiner eigenen Bekehrung). Onesimus will Christ werden und sich von Paulus taufen lassen. Gleichzeitig erkennt er aber auch, dass er die Sache mit Philemon noch in Ordnung bringen muss.
Gemeinsames Tun: in die Stille gehen und überlegen: Was muss ich selbst noch in Ordnung bringen bei mir ganz persönlich? Besonderes Zeichen gestalten, was mich daran erinnert, dass ich Christ bin.
Abend: Fortsetzung der Frage in der Stille. Beichtvorbereitung

6. Tag
Vormittag: Möglichkeit zum Beichtgespräch (freiwillig).
Gemeinsames Tun: Gespräch: Wie kann Onesimus die Sache mit Philemon in Ordnung bringen?
Abend: Kerzen verzieren mit einem Taufmotiv.

7. Tag
Vormittag: Paulus will für Philemon den Brief schreiben.
Gemeinsames Tun: Papier ansengen; jeder schreibt einen eigenen Brief,

was er persönlich Philemon sagen würde; diesen Brief mit einen Wachssiegel verschließen.
Dann den Philemonbrief aus der Bibel vorlesen.
Abend: Bibelteilen des Philemon-Briefes nach der 7-Schritte-Methode.

8. Tag
Vormittag: Onesimus macht sich auf den Rückweg zu Philemon nach Kolossä.
Die beiden versöhnen sich; Philemon nimmt Onesimus als Bruder, nicht mehr als Sklave wieder auf.
Gemeinsames Tun: Festvorbereitung in Kleingruppen: „Bibelkuchen" backen (die Zutaten sind durch das Nachschlagen zahlreicher Bibelstellen zu finden), Obstsalat machen, Tisch besonders decken, Raum schmücken, Kerzen mit auf den Tisch stellen.
Abend: Fest zur Versöhnung, eventuell Tauferneuerung.
Schlussgespräch.

9. Tag
Familiengottesdienst.
Heimfahrt nach dem Mittagessen.
Ein Tag ist ohne Programm wegen eines ganztägigen Familienausflugs.

10-Tage-Kurs für Grundschüler

1. Tag
Nachmittag: Einander vorstellen, Kennenlernen der Gruppenmitglieder.
Abend: Die Maus Henriette vorstellen, sie wird uns durch die Tage begleiten.
Spiele machen.

2. Tag
Vormittag: Henriette stellt Onesimus vor, der bei Philemon Sklave ist. Onesimus stellt Philemon – seinen Herrn in Kolossä – vor, er ist Wollweber und Christ.

Gemeinsames Tun: Jeder darf sich aus einem Karton einen Webrahmen machen und weben.
Abend: Henriette lässt sich von den Kindern erzählen, was sie jetzt schon von Philemon und Onesimus wissen.

3. Tag
Vormittag: Onesimus erhält von Philemon den Auftrag, in den Bergen Wolle einzukaufen.
Gemeinsames Tun: Spielerisch verschiedene Aufträge erfüllen; Rucksack basteln (siehe Kibiwo).
Abend: In Onesimus wird der Wunsch nach Freiheit wach. Er spielt in seinen Gedanken eine mögliche Flucht einmal durch und erzählt Henriette davon. Die Maus fragt nach, warum er weglaufen will. Sie erfährt, wie unzufrieden Onesimus eigentlich ist.

4. Tag
Vormittag: Onesimus macht sich auf den Weg, den Auftrag für Philemon zu erledigen, und erkennt, dass es ein günstiger Zeitpunkt für eine Flucht ist. Er beschließt, nach Ephesus zu gehen. Henriette macht sich mit ihm auf den Weg, sie will ihren Freund nicht alleine lassen. Außerdem weiß Onesimus von den Gemeindeversammlungen in Philemons Haus, dass Paulus dort zur Zeit im Gefängnis ist.
Gemeinsames Tun: Geländespiel „Auf der Flucht".
Abend: Vorlesen aus dem Roman „Ich will Freiheit" (Teil 1, Kapitel 3–6). Erklärung dazu, dass im Roman Onesimus mit einem anderen Sklaven flieht.

5. Tag
Vormittag: Onesimus und Henriette kommen in Ephesus an, sie durchstreifen die Stadt auf der Suche nach einer Bleibe. Dabei entdecken sie an einem Haus einen Fisch. Onesimus weiß, dass dies das Geheimzeichen der Christen ist. So lernen sie das Zeltmacherehepaar Aquila und Priscilla kennen und finden bei ihnen eine Unterkunft. Das Ehepaar kann auf die Fragen, die Onesimus über Paulus stellt, antworten

und er erfährt mehr über Paulus. Onesimus verspürt immer mehr das Verlangen, diesen Mann persönlich kennenzulernen.
Gemeinsames Tun: Rollenspiel in Kleingruppen: erste Begegnung und Kennenlernen zwischen Onesimus und dem Ehepaar Aquila und Priscilla;
aus Bettlaken und Bettbezügen Kleidung nähen (siehe Kibiwo);
den Fisch als Symbol erklären; aus verschiedensten Materialien Fische basteln.
Abend: Fantasiereise: Ich bin Onesimus und begegne Paulus zum ersten Mal.

6. Tag
Vormittag: Priscilla bekommt für Onesimus eine Besuchserlaubnis fürs Gefängnis. Zusammen mit Henriette macht sich Onesimus auf den Weg zum Gefängnis, Henriette zieht es vor, sich im Rucksack von Onesimus zu verstecken. So kommt Onesimus zu Paulus, er findet in ihm einen Freund, der ihm zuhört und ihn versteht. Onesimus vertraut Paulus, deshalb erzählt er ihm seine Geschichte.
Gemeinsames Tun: Schreibmeditation „Vertrauen"; Austausch: Wann kann ich einem anderen vertrauen? Was ist das Besondere an meiner besten Freundin, meinem besten Freund? Dieser (diesem) einen Brief schreiben; Briefpapier selbst entwerfen (mit Fischen oder eigenem Geheimzeichen).
Abend: Paulus erzählt von Jesus und seiner eigenen Bekehrung. Onesimus will Christ werden und sich von Paulus taufen lassen.

7. Tag
Vormittag: Paulus tauft Onesimus. Dieser erkennt, dass er jetzt aber noch die Sache mit Philemon in Ordnung bringen muss. Er erzählt Henriette davon, dass er zu Philemon zurückkehren will.
Gemeinsames Tun: Kerzen verzieren mit einem Taufmotiv.
Abend: Paulus schreibt den Brief an Philemon. Onesimus macht sich zusammen mit Henriette auf den Rückweg nach Kolossä zu Philemon.

8. Tag
Vormittag: Onesimus kommt zurück zu Philemon, gibt ihm den Brief von Paulus. Dieser liest ihn laut vor (Bibeltext). Philemon versöhnt sich mit Onesimus und nimmt ihn als Bruder – nicht mehr als Sklave – auf. Henriette freut sich mit Onesimus.
Gemeinsames Tun: gemeinsam ein Versöhnungsfest vorbereiten: Bibelkuchen backen, Obstsalat machen, Raum schmücken, Tisch decken, Kerzen auf dem Tisch nicht vergessen.
Abend: Wir feiern gemeinsam ein Versöhnungsfest.
Henriette fragt die Kinder, wie es ihnen gefallen hat, was ihnen besonders Spaß gemacht hat.

9. Tag
Familien-Abschlussgottesdienst.
Heimfahrt nach dem Mittagessen.

Für *einen Tag* ist kein Programm dabei, weil Familiengottesdienst und Ausflug.

Programm für Kindergartenkinder (Drei- bis Sechsjährige)
Es ist schwierig, die Thematik des Onesimus für Kinder im Kindergartenalter verständlich und kindgerecht aufzubereiten. Ich würde sie deshalb für ein Wochenendprogramm nicht anbieten.
Für einen 10-Tage-Kurs muss man sich intensiv mit der Person des Onesimus und dem Philemonbrief auseinander setzen und dabei die wichtigsten Schwerpunkte festlegen. Ich würde zu den einzelnen Schwerpunkten entsprechende und für Kinder leicht verständliche Bibelstellen suchen und mir dazu unterschiedlichste Formen und Möglichkeiten der Gestaltung überlegen. Anschließend kann man die Geschichte von Onesimus erzählen. Hier ist zu achten, dass alle vorkommenden Begriffe (z. B. Sklave, Flucht, ...) den Kindern erklärt werden. Nach dem Erzählen der Geschichte können Kinder das, was sie sich beim Zuhören gemerkt haben bzw. was ihnen wichtig erscheint, zeichnen und malen. So kommt u. a. zum Ausdruck, was die Kinder verstan-

den haben. Auf eventuelle Unklarheiten und Fragen sollte konkret eingegangen werden.

Mögliche Schwerpunkte können sein:
1. Haus
2. Begegnungen
3. Taufe
4. Vergebung und Versöhnung
5. Gemeinsam ein Fest feiern

Dazu können folgende biblische Geschichten erzählt werden:
Haus: Zachäus (Lk 19,1–10), Heilung des Gelähmten (Mk 2,1–12).
Begegnungen: Maria und Elisabet (Lk 1,39 –56), Bartimäus (Lk 18,35 bis 43).
Taufe: Taufe Jesu im Jordan (Lk 3,21 – 22), Taufe des Afrikaners (Apg 8,26 – 40).
Vergebung und Versöhnung: Der barmherzige Vater (Lk 15,11–32), Zachäus (Lk 19,1–10).
Fest feiern: Hochzeit zu Kana (Joh 2,1–12), Speisung der Fünftausend (Lk 9,10–17).

Sicher ist es aber auch genauso gut, über längere Zeit bei einem Thema zu bleiben und es von verschiedenen Seiten anzugehen und auszuschöpfen, mit allen Sinnen zu erleben und lebendig werden zu lassen.

Betende Vorbereitung
Für Mitarbeiter eines Exerzitienkurses

1. Tag – sechs Tage vor Beginn

„Meine Gnade genügt dir; denn sie erweist ihre Kraft in der Schwachheit."
2 Kor 12,9

Herr, du hast mich gerufen, beim nächsten Seminar mitzuarbeiten. Ich danke dir, dass du es mit mir gemeinsam versuchen willst. Du weißt, dass ich so viele Schwächen und Fehler habe. Du kennst mein Leben, meine Sehnsüchte, meine Veranlagungen. Du weißt, wie sehr ich oft kämpfen muss mit mir und meinen Eigenarten, mit meinem Temperament und meinen Launen, um auf deinem Weg zu bleiben. Du weißt auch, wie oft ich bei diesem Kampf unterliege und Vieles trotzdem gut wird, weil du mir dabei hilfst, meine Fehler und Schwächen zu ertragen, und weil du sie umwandelst in deine Liebe. Darum muss ich meine intensive Vorbereitung zum nächsten Seminar damit beginnen, alle meine Fehler und Schwächen dir zu schenken. Jesus, alles, was in mir ist und mich hindert, ganz dir zu gehören, das empfehle ich voll Vertrauen deinem barmherzigen Herzen und deiner liebevollen Führung. Lass alles, was nicht von deinem Geist kommt, mir klar bewusst werden, damit ich weiß, was Unkraut in mir ist. Dieses Unkraut brenne mit deiner Liebe aus meinem Herzen, damit ich beim Seminar ein brauchbares Werkzeug deiner Sache sein kann.

Gebet:

*Befreie mich, Jesus, von dem Wunsch,
dass man mich liebt, mich bewundert, mich ehrt;
dass man mich lobt, mich anderen vorzieht.
Befreie mich, Jesus, von der Angst,
dass man mich demütigt, mich verachtet, mich zurechtweist;
dass man mich vergisst, mich falsch einschätzt.
Wecke in mir, Jesus, immer mehr das Verlangen,
dich in allem zu lieben und zu loben. Sei du mir gnädig.
Forme du mich so in deiner Liebe, wie du mich haben willst,
damit ich dich anderen Menschen bezeugen kann.*

Beachte den Tag über besonders, was dir am schwersten fällt, für Jesus zu tun. Halte es ihm hin und vertraue auf ihn, dass er aus deinem größten Fehler etwas Gutes machen kann, wenn du es ihm schenkst.

Im Hinblick auf das Seminar:
Auch wenn du dich noch so elend und unfähig fühlst, vertrau auf ihn, er macht aus allem was Gutes, wenn du es ihm anvertraust und den Willen hast, ganz für ihn dazusein, mit allem, was du bist. So braucht er dich. Er hat dich berufen, dich als ganzen Menschen.

2. Tag – fünf Tage vor Beginn

„Wir haben durch Christus so großes Vertrauen zu Gott. Doch sind wir dazu nicht von uns aus fähig, als ob wir uns selbst etwas zuschreiben könnten; unsere Befähigung stammt viel mehr von Gott."

2 Kor 3,4–5

Jesus, oft fühle ich mich so stark und sicher. Lass mich dabei nicht allein, damit es kein Hochmut und kein Stolz wird. Lass es mich bitte spüren, dass ich nur etwas leisten kann, weil du mir, ganz unverdient, die Kraft und die Fähigkeit dazu gegeben hast.

Herr, du hast mir in den Vorbereitungen für diesen Kurs geholfen. Du bist es, der die Herzen der Teilnehmer öffnet. Du bist es, der den Eltern und ihren Kindern offene Ohren schenkt, damit sie das heraushören, was für ihr Leben wichtig ist. Du schenkst mir die Gedanken und Worte, die ich für meine Gruppe brauche. Du führst mich durch alle Begegnungen und du schickst mir in den Pausen einen Menschen über den Weg, um für ihn da zu sein, auch wenn es mir so scheint, als ob ich ihn mir gesucht hätte. Ich danke dir, dass wir nichts aus uns heraus tun müssen, sondern dass du uns dazu befähigst.

Der ganze Kurs, er gehört dir. Lass mich das nie vergessen: Wenn ich mich freue und Erfolg habe, dann freue ich mich in der rechten Weise und behalte nichts für mich, was nicht mir gehört.

Gebet:

*Ich singe vor Freude, ich lache vor Freude,
ich weiß, dass der Herr mich jetzt hier haben will.
Das gibt mir die Sicherheit in all meinem Tun.
Der Herr legt selbst die Hand mit an.*⁴⁶

Beachte den Tag über: Was fällt mir besonders leicht? Was kann ich sehr gut, welche Talente habe ich? Freue dich an ihnen und danke Gott dafür. Es sind Grundausstattungen der Gnade, die du als Mitarbeiter von ihm bekommen hast.

Im Hinblick auf das Seminar:
Wenn du mit deinen Fähigkeiten und Talenten lernst, ganz du zu sein, dann kannst du Großes tun für Gott. Freue dich an diesen Geschenken und arbeite mit ihnen zur Ehre Gottes. Er braucht beim Seminar tüchtige Menschen, die sich etwas zutrauen und bereit sind, andere mitzureißen, so wie sie es mit ihren Fähigkeiten vermögen.

3. Tag – vier Tage vor Beginn

„Ich habe zu dir gesagt: Du bist mein Knecht, ich habe dich erwählt und dich nicht verschmäht. Fürchte dich nicht, denn ich bin mit dir; hab keine Angst, denn ich bin dein Gott."

(Jes 41, 9b–10).

Herr, heute will ich dir meine Unsicherheiten und meine Bedenken alle sagen und sie dir schenken. Glaubst du wirklich, dass du mich brauchen kannst?

Fragen:
Halte ich diese Tage durch mit den vielen Menschen?
Nimmt mich das Mitarbeiterteam voll an?
Versagt mir nicht die Stimme oder die Konzentration?
Fällt mir auch das Richtige ein in Gesprächen? In der Gruppe?

Glaube daran, dass Jesus alle deine Bedenken hört und kennt. Er kennt dich, und trotzdem oder gerade weil du du bist, braucht er dich so dringend. Dich!
Nimm seinen Ruf demütig an und vertraue ihm, dass er schon weiß, warum gerade du es sein sollst. Er hat seine Pläne mit dir und dem Seminar.

Sr. Angela Toigo lässt in ihrem Buch die Maus beten:

> *„Dios mio! Ich möchte für dich ein Lied singen, aber meine Stimme klingt nicht. Du hast mir nur dieses Wispern gegeben. Macht nichts, ich singe trotzdem. Dios mio, da lächelst du."*

Gebet:

> *Ja will ich sagen, denn du hilfst mir dabei.*
> *Dich will ich lieben, denn du liebst mich zuerst.*
> *Du sollst mich haben, Jesus, weil du mich willst.*
> *Dir will ich folgen, denn du gehst ja voran.*[47]

Beachte den Tag über: Spürst du, wie oft du etwas tust, das nur du so tun kannst, wie du es tust? Spürst du, wieviele Dinge in deinem Leben deshalb so und nicht anders sind, weil du sie tust? Spürst du, wie oft du gebraucht wirst, in allem, was du tust? Pass einmal gut auf. Es kommt viel zusammen.

Im Hinblick auf das Seminar:
Er hat dich, so wie du bist, speziell für dieses (sein) Seminar ausgesucht. Schaue nicht so sehr auf die Talente der anderen. Du bist gerufen und wirst gebraucht, auch wenn du es nicht verstehst und vielleicht gerne kneifen willst. Sei dabei ganz du, so will Gott dich haben. Habe Mut zu dir; Jesus liebt dich so, wie du bist.

4. Tag – drei Tage vor Beginn

„Gott tröstet uns in all unserer Not, damit auch wir die Kraft haben, alle zu trösten, die in Not sind, durch den Trost, mit dem auch wir von Gott getröstet werden. Wie uns nämlich die Leiden Christi überreich zuteil geworden sind, so wird uns durch Christus auch überreicher Trost zuteil" (2 Kor 1,4–5).

Jesus, du selbst hast Leiden getragen und bist diesem nicht ausgewichen. Wie oft sage ich dir, dass ich mit dir mitleiden will. Sicher werde ich bei diesem Kurs einiges an menschlichem und seelischem Leid kennenlernen. Es kann auch sein, dass ich selber damit konfrontiert werde, im Gespräch und in der Begegnung. Lass mich nicht zurückschrecken und auch nicht in falschem Mitleid aufgehen. Mittragen und Mitleiden heißt: Sofort alles dir hinzuhalten, denn du bist der Herr und Meister des Leides und der Not.

Eine Geschichte:
Eines Nachts hatte ich einen Traum: Ich ging am Meer entlang mit meinem Herrn. Vor dem dunklen Nachthimmel erstrahlten, Streiflichtern gleich, Bilder aus meinem Leben. Und jedes Mal sah ich zwei Fußspuren im Sand, meine eigenen und die meines Herrn. Als das letzte Bild an meinen Augen vorübergezogen war, blickte ich zurück. Ich erschrak, als ich entdeckte, dass an vielen Stellen meines Lebensweges nur eine Spur zu sehen war. Und das waren gerade die schwersten Zeiten meines Lebens. Besorgt fragte ich den Herrn:
„Herr, als ich anfing, dir nachzufolgen, da hast du mir versprochen, auf allen Wegen bei mir zu sein. Aber jetzt entdecke ich, dass in den schwersten Zeiten meines Lebens nur eine Spur im Sand zu sehen ist. Warum hast du mich allein gelassen, als ich dich am meisten brauchte?"
Da antwortete er: „Mein liebes Kind, ich liebe dich und werde dich nie allein lassen, erst recht nicht in Nöten und Schwierigkeiten. Dort, wo du nur eine Spur gesehen hast, da habe ich dich getragen".
(Margaret Fishback Powers)[48]

Herr, du hast alles Leid schon erlöst und willst von mir, dass ich mit meinem Glauben, meinem Vertrauen und meiner Liebe dein Werkzeug bin, um diese Erlösung von Fall zu Fall nachzuvollziehen. Gib mir Worte, die helfen, die trösten und die wahrhaftig sind. Wenn ich schweigen soll, sag es mir. Wenn ich reden soll, dann rede du aus mir.

Beachte den Tag über: Wie stehe ich unangenehmen Dingen gegenüber? Bin ich bereit, den Dingen, die auf mich zukommen, gelassen ins Auge zu sehen, weil ich weiß, dass Du mit mir bist? Kenne ich Leiden, habe ich selber einiges zu tragen? Wie trage ich des anderen Last mit? Sehe ich hinter allem Leiden das erlösende Leid Jesu? Kann ich tapfer sein? Habe ich Mut, dem anderen zu helfen, auf ihn zuzugehen?

Im Hinblick auf das Seminar:
Halte schon heute alles, was dir beim Kurs an Leid begegnen wird, dem Heiland und Erlöser hin. Übe ein, alles im Blick auf das erlösende Leid zu sehen und dadurch alles Leid positiver zu sehen. Dein fester Glaube wird mithelfen, viel Leiden besser tragen zu können und es im Glauben zu verwandeln.

5. Tag – zwei Tage vor Beginn

„Wie mich der Vater geliebt hat, so habe auch ich euch geliebt. Bleibt in meiner Liebe" (Joh 15,9).

Ein Liebesbrief von unserem himmlischen Vater (eine Weissagung):

„Ich liebe dich. Ich vergoss mein eigenes Blut für dich, um dich rein zu machen. Du bist neu; so glaube, dass es wahr ist. Du bist lieblich in meinen Augen, und ich habe dich geschaffen, so zu sein, wie du bist. Kritisiere dich nicht oder mache dich nicht selbst schlecht, weil du in deinen Augen nicht vollkommen bist. Das führt nur zur Frustration. Ich möchte, dass du mir vertraust, bei jedem einzelnen Schritt. Wohne in meiner Macht und

Liebe, und sei frei. Sei du selbst. Lass dich nicht von anderen Menschen unter Druck setzen. Ich will dich führen, wenn du mich lässt. Sei dir meiner Gegenwart in allen Dingen bewusst. Ich gebe dir Freude, Liebe und Frieden. Schau auf mich nach Antworten. Ich bin dein Hirte, und ich will dich leiten. Folge nur mir. Vergiss dieses nie. Höre auf mich, und ich will dir meinen Willen zeigen.

Ich liebe dich. Lass Liebe von dir ausfließen; lass sie überlaufen zu allen, die du berührst. Sorge doch nicht um dich selbst. Du bist meine Verantwortung. Ich werde dich verändern, und du wirst es kaum merken. Du sollst dich lieben und andere lieben, einfach weil ich dich liebe. Nimm deine Augen fort von dir selber. Schaue nur auf mich. Ich leite, ich verändere, ich vollbringe; aber nicht, wenn du es selbst versuchst. Ich werde mich deinen Anstrengungen nicht entgegenstellen. Du bist mein. Lass mich die Freude haben, dich wie Christus zu machen. Lass mich dich lieben! Lass mich dir Freude, Frieden und Freundlichkeit geben. Niemand anders kann das tun. Siehst du das ein? Du gehörst dir nicht selbst. Du bist mit Blut erkauft worden und nun gehörst du mir. Es ist wirklich nicht deine Sache, wie ich mit dir umgehe. Der einzige Befehl an dich ist, zu mir aufzuschauen und nur zu mir. Nie zu dir und nie zu anderen.

Ich liebe dich. Kämpfe nicht, sondern entspanne dich in meiner Liebe. Ich weiß, was das Beste ist, und werde es in dir tun. Wie sehr sehne ich mich nach der Freiheit, dich uneingeschränkt zu lieben. Höre auf, angestrengt etwas sein zu wollen, und lass mich dich formen, wie ich möchte.

Mein Wille ist vollkommen, meine Liebe ist ausreichend. Ich werde für alle deine Nöte sorgen. Ich liebe Dich.
Dein himmlischer Vater."

Übersetzung aus dem Englischen, Original aus unbekannter Quelle

Bitte heute Gott, dich ganz liebend zu machen. Du weißt ja, wieviel Herbes und Bitteres in dir steckt. Jesus, die menschgewordene Liebe, kann dich umwandeln. Er kann und wird dir so viel Liebe schenken, dass du davon überströmst und selbst ganz viel Liebe verschenken kannst. Seine Liebe hört nie auf; sie ist dir sozusagen immer zur Verfügung, weil sie nicht zu Ende geht.
Stelle dich und deine Gedanken immer wieder hinein in diesen Strom und schöpfe daraus, so viel du brauchst für dich und deinen Nächsten. Du darfst das, weil er es so will.

Gebet:

Ich hab dich je und je geliebt, darum zog ich dich zu mir.
Ich hab dich je und je geliebt, komm, vertraue mir.
Ich, der Herr, dein Gott, habe dich gemacht,
schön und wertvoll bereitet, du bist mein.
Ich hab dich je und je geliebt, darum zog ich dich zu mir.
Ich, der Herr, dein Gott, habe dich erlöst,
rief dich bei deinem Namen, du bist mein.
Ich hab dich je und je geliebt, darum zog ich dich zu mir.
Ich, der Herr, dein Gott, will stets bei dir sein,
keine Not kann dir schaden, du bist mein.[49]

Beachte den Tag über: Bist du dir bewusst, dass du die Liebe Gottes einatmest mit jedem Atemzug? Gott lebt in dir, und du lebst in ihm. In ihm leben heißt, voll seine Liebe aufnehmen und weiterschenken. Verschenke ganz bewusst kleine Zeichen der Liebe dort, wo du sie gar nicht für nötig findest.

Im Hinblick auf das Seminar:
In diesen Tagen wird viel Liebe von dir gefordert. Du hast sie überreich, weil es sein Kurs ist. Atme sie ein und verschenke sie überreich.

6. Tag – ein Tag vor Beginn

„Ein neues Gebot gebe ich euch: Liebt einander! Wie ich euch geliebt habe, so sollt auch ihr einander lieben. Daran werden alle erkennen, dass ihr meine Jünger seid: wenn ihr einander liebt."

Joh 13,34–35

Denke heute bewusst an jeden einzelnen Teilnehmer, der zum Kurs kommt, auch wenn du sie noch nicht persönlich kennst. Versuche jetzt schon, jeden anzunehmen mit allem, was er mitbringt.

Herr, jede Familie, die kommt, jeden einzelnen Menschen, hast du ausgesucht. Du schickst sie uns, damit dieses Seminar ein Impuls in ihrem Leben sein darf. Lass mich jeden annehmen und ihn ganz lieb haben. Was du mir schickst, ist etwas, was ich annehmen soll.

Du weißt, Herr, wie schwer es mir oft fällt, ganz auf jeden Teilnehmer einzugehen und ihn nicht mit meinem Glauben zu überfahren. Lass mich sensibel werden für das Bedürfnis der Teilnehmer. Lass mich allen das sein, was sie brauchen. Hilf mir, mich ganz hintenan zu stellen und nur für die Teilnehmer und dich da zu sein. Schenk mir ein weites, großes Herz, damit alle darin Platz haben und alle erkennen, dass du die Liebe bist.

Mach mich auch bereit, mich von den Teilnehmern beschenken zu lassen auf diesem gemeinsamen Weg zu dir.

Gebet:

Gib mir Liebe ins Herz, lass mich leuchten, gib mir Liebe ins Herz, bet' ich. Herr, du selbst bist das Licht, das erleuchtet, darum scheine du nun selbst durch mich.
Lass mich sein wie lebendiges Wasser, das durch Trockenheit fließt, bet' ich.

Herr, du selbst bist das lebendige Wasser, darum fließe du nun selbst durch mich.
*Lass mich sein für die Welt wie ein Hirte, der für andere lebt, bet' ich Herr, du selbst bist der allertreuste Hirte, darum sei du nun auch das durch mich.*⁵⁰

Beachte den Tag über: Jeder Mensch, der mit dir heute zu tun hat, könnte dir morgen im Seminar begegnen. Willst du ihn annehmen? Prüfe dich und lerne, jeden Menschen als Angebot Gottes an dich anzunehmen.

Im Hinblick auf das Seminar:
Es kommt nicht darauf an, wie du von den Teilnehmern denkst, sondern was Gott von dir will, wenn er dir Menschen über den Weg schickt. Jeder Mensch will von Jesus durch dich angenommen werden. Schaffe Raum in deinem Herzen, damit alle Platz finden.

7. Tag – Tag des Beginns

„Dank sei Gott, der uns stets im Siegeszug Christi mitführt und durch uns den Duft der Erkenntnis Christi an allen Orten verbreitet."

2 Kor 2,14

Freue dich über deine Berufung, am Reich Gottes mitarbeiten zu dürfen. Ist dir bewusst, dass du beim Kurs ein Werkzeug bist, das ganz entscheidende Dinge tun darf? Du darfst bei diesem Seminar deinen Glauben und deine Liebe ganz intensiv und direkt weiterschenken.
Viele Menschen beten für dieses Seminar. Du darfst dich von diesem Gebetsstrom getragen wissen. Während dieser Tage bist du ganz besonders und wunderbar in Dienst genommen von Gott. Du spürst das auch und kannst aufbauen darauf. Weißt du, dass das Gnade ist? Eine unendliche Gnade ist es, Menschen mit Gott bekannt zu machen und ihre Seelen Gott hinzuhalten. Jeder Mensch, dem du helfen darfst, Gott näher kennen zu lernen, ist wie eine Perle in deinem Leben. Du be-

kommst einen unermesslichen Schatz an Perlen des Himmels. Danke Jesus, dass er dich berufen hat, seine Arbeit im Weinberg mitzutun.

Gebet:

> *Herr, mach mich zu einem Werkzeug deines Friedens,*
> *dass ich Liebe übe, wo man sich hasst;*
> *dass ich verzeihe, wo man mich beleidigt;*
> *dass ich verbinde, wo Streit ist;*
> *dass ich die Wahrheit sage, wo Irrtum ist;*
> *dass ich Glauben bringe, wo Zweifel droht;*
> *dass ich Hoffnung wecke, wo Verzweiflung quält;*
> *dass ich Licht entzünde, wo Finsternis regiert;*
> *dass ich Freude bringe, wo der Kummer wohnt.*
> *Herr, lass mich trachten, nicht, dass ich getröstet werde,*
> *sondern dass ich tröste;*
> *nicht, dass ich verstanden werde, sondern dass ich verstehe;*
> *nicht, dass ich geliebt werde, sondern dass ich liebe.*
> *Denn wer sich hingibt, der empfängt;*
> *wer sich selbst vergisst, der findet;*
> *wer verzeiht, dem wird verziehen;*
> *und wer stirbt, der erwacht zum ewigen Leben.*
>
> Gotteslob Nr. 29,6

Beachte den Tag über: Freue dich auf den Kurs, weil Gott dich dort haben will. Freue dich, dass er es mit dir versucht. Lerne, ein gutes Werkzeug zu sein.

Im Hinblick auf das Seminar:
Lebe ganz in der Freude, die dir die Kraft gibt, in diesen Tagen für Jesus Werkzeug zu sein. Du bist für und mit Christus beim Seminar, um wie er anderen Menschen zu dienen und für sie da zu sein.

Gebetshilfe zur Vorbereitung der Mitarbeiter bei Cursillo-Wochenenden,
überarbeitet für Familienexerzitien

5
Zwei Kurzgeschichten

Die Brautfahrt ins Schweigenland

Es war einmal ein junger König, der hatte noch keine Frau Königin, aber er hätte so gerne eine gehabt. So reiste er viel durch fremde Länder, ob er nicht irgendwo eine Prinzessin fände, die er lieb genug hätte, um sie zu seiner Frau Königin zu machen.

Er schaute sich Bilder von Prinzessinnen an, aber keine war darunter, die ihm so recht von Herzen gefiel, wie er es sich wünschte. Eines Tages sah er das Bild einer Prinzessin, die war so schön und lieb, dass er rief: „Die, und keine andere soll meine Frau werden! – Wer ist sie denn?" „Das ist die Prinzessin von Schweigenland!" „O weh!" sagte der junge König, „dann ist sie nichts für mich!" Denn er schwätzte nun einmal für sein Leben gerne und wollte lieber zehn Stunden reden, als eine Stunde schweigen. Und so sagte er noch einmal: „Dann ist sie nichts für mich", und er wollte sie einfach vergessen.

Ihr Bild steckte er sich aber in die Tasche und zog es manchmal heraus, um es sich anzuschauen und dachte bei sich: „Wäre sie doch bloß nicht aus Schweigenland!" Und dann machte er sich auf und reiste nach Schweigenland, um die Prinzessin zu sehen.

Schweigenland war ein sehr schönes Land, es hatte große schattige Wälder. Aber hier war es leiser als anderswo. Der Wind tat, als ob er schliefe; die Vögel sangen leiser, und die Hunde bellten leiser; und die Menschen, denen der junge König begegnete, die schwiegen alle, nickten nur mit dem Kopf und lächelten herüber. Und so kam er an das Schloss, in dem die Prinzessin mit ihrem Vater wohnte.

Der junge König ging hinein und sagte zum König: „Da bin ich! Du bist jetzt mein Gefangener und führst mich zu deiner Tochter. Ich will sie zur Frau nehmen!" „So", sagte der alte König, „dann gehe zu ihr und sage es ihr, sie ist da drinnen in ihrem Zimmer!"

Da ging der junge König zu der Prinzessin und sagte: „Ich bin der weise und mächtige Sonnenkönig! Ich habe euer ganzes Land erobert und habe euer Heer und den König, euren Vater, gefangengenommen. Aber ich will dir eine große Gnade erweisen und dich heiraten und zu meiner Frau Königin machen, wenn ihr es auch wahrhaftig nicht verdient habt!" Er war noch nicht fertig mit dieser Rede, da sah er schon die wunderschöne Prinzessin nicht mehr, sondern nur den leeren Stuhl, auf dem sie soeben gesessen hatte. Da wunderte sich der König sehr, sah sich im ganzen Zimmer um und konnte gar nichts mehr sagen vor lauter Schrecken, denn die Prinzessin war nirgends zu finden; – bis sie auf einmal wieder auf ihrem Stuhl saß.

„Es war doch nicht bös' gemeint", sagte der König, „und deshalb verschwindet man nicht gleich. Du bist ja die schönste, liebste Prinzessin, die es gibt und je gegeben hat und geben wird. Siehst du, hier habe ich dein Bild in meiner Tasche. Das trage ich immer bei mir. Und wenn ich allein bin, zieh ich es hervor und schau es mir an und kann mich nicht satt daran sehen, weil du nun einmal die allerschönste und allerliebste Prinzessin bist, die es gibt. Und wenn du mich jetzt nicht gleich heiratest, macht mir das ganze Regieren keinen Spaß mehr."

Aber auch mit dieser Rede war er noch nicht fertig, da war die Prinzessin schon wieder verschwunden.

Und viele Stunden ging es so fort. Wenn der König schwätzte, war sie schließlich überhaupt nicht mehr zu sehen. Denn die wunderschöne Prinzessin von Schweigenland kann nur sehen, wer schweigt oder doch gut schweigen kann.

Als der junge König sie nun gar nicht mehr sah, wurde er sehr traurig und ging fort und dachte: „Was nützt mir nun mein ganzes Heer und all meine Macht und dass ich das ganze Land erobert habe, wenn ich meine Prinzessin doch nicht sehen kann."

Am nächsten Tag kam er wieder zur Prinzessin und schwätzte schon nicht mehr so viel und fragte nur: „Was muss ich tun, um dich immer sehen zu können?" Da lächelte die Prinzessin ganz freundlich und sagte: „Schweigen lernen." Der junge König ging wieder fort und schwieg die ganze Nacht und den ganzen Tag. Am Anfang fiel's ihm schwer, am Ende ging's aber schon recht gut.

Am Morgen darauf ging er zum dritten Mal zur Prinzessin und sagte: „Prinzessin, ich glaube, ich kann's." Da lächelte die Prinzessin noch freundlicher als am Tag zuvor und sagte: „Dann lass uns ein bisschen zusammen schweigen." So setzte er sich der Prinzessin gegenüber, und sie schwiegen beide; und es war gar nicht mehr schwer.

Als sie lange Zeit so dagesessen hatten – immer schweigend –, da vernahm der junge König auf einmal eine ganz leise Musik, die hörte sich an, als käme sie von sehr weit her; und sie klang so wunderschön, wie der junge König nie eine Musik hatte klingen hören.

Eine Weile horchte er, dann fragte er die Prinzessin: „Was ist das für eine Musik?" Die Prinzessin wurde sehr froh, als er das fragte, und sie antwortete:

„Das ist die Musik, die die Sterne machen, wenn sie durch den Himmel gehen. Niemand kann sie hören, nur wer gut und tief zu schweigen versteht. Und nun weißt du das Geheimnis von Schweigenland. Wir Schweigenländer können alle die schöne Sternenmusik hören, und die Fremden, die bei uns gewesen sind und das Gesetz gehalten haben, die können sie auch hören. Darum ist auch bei uns alles so leise, damit keiner gestört wird, der die Sternenmusik hören will. Da du sie jetzt aber hörst, so weiß ich, dass du das Schweigen richtig gelernt hast. Und weil du es aus Liebe zu mir gelernt hast, will ich jetzt auch gerne deine Frau werden." Soviel hatte die Prinzessin noch nie in ihrem Leben geredet.

Der junge König war sehr glücklich und sagte es der Prinzessin, und weiter sagte er noch: „Aber du kommst mit mir in mein Land, und ein bisschen mehr als zehn Worte am Tage möchte ich doch reden dürfen und möchte auch, dass du mir mehr antwortest." „Das verspreche ich dir", sagte die Prinzessin, „wenn du nur das Schweigen nicht mehr verlernen willst. Und meines Vaters Reich musst du wieder freigeben, und das alte Gesetz soll wieder darin gelten, damit es ein Land auf der Erde gibt, wo die Sternenmusik immer zu hören ist."

Der junge König versprach es ihr und hat es auch gehalten. Und er

nahm sie mit in sein Reich und machte sie zu seiner Frau Königin, wie er sich's gewünscht hatte.
Im Schweigenland aber herrschte wieder der alte König.

Autor und Quelle unbekannt

Die Entscheidung
Ein Gespräch mit dem Tod

Der Gevatter Tod kommt zu einem älteren Ehepaar: „Einen von euch beiden muss ich heute mitnehmen, und du – Mann – sollst entscheiden, wen!" Schon in diesem Vorwort liegt begründet, dass einiges an diesem Gespräch hypothetisch sein muss; das ist das Recht des Dichters. Die „Abhandlung" spricht Eheleute aller Altersklassen an, aber auch solche, die es werden wollen. Man kann aber auch, im übertragenen Sinn, Lehren daraus ziehen in Bezug auf das Mutter-Kind-Verhältnis oder auf das zwischen Geschwistern. Wohl wird die Situation nach dem Hinscheiden eines der beiden Partner oft anders sein: Kinder oder Enkelkinder können oft entscheidend Trost und Hilfe sein. Doch im Prinzip wird Vieles oft so sein. Vor allem aber enthält das Gespräch so viele wesentliche Gedanken und Anregungen für den (Ehe)-Alltag, die man beherzigen sollte, ehe es zu spät ist. Wir machen einiges anders, seitdem wir „Die Entscheidung" kennen.

Ich bekam dieser Tage einen überraschenden Besuch. „Störe ich?" – „Kamst du je in ein Haus, ohne zu stören?" – „Ich weiß, ich bin nicht gern gesehen", sagt mein Besucher, „doch was bleibt mir übrig, als anzuklopfen und euch zu sagen: Es ist soweit! Einen von euch – entweder dich oder deine Frau – muss ich heute abholen. Bei dir liegt es, zu entscheiden, wen." – „Hör zu, Gevatter", antwortete ich, „keiner stirbt gern. Aber ich liebe meine Frau. Sie hat noch so viel Freude am vollen, reichen Leben. Wenn es also sein muss, nimm mich." – „Du sprichst, ohne ernstlich nachgedacht zu haben", sagt mein Besucher, der Gevatter Tod, „so einfach ist die Entscheidung nicht. Wer stirbt, ist im Vorteil. Von ihm fallen alle irdischen Sorgen ab. Alles, was dich

heute noch bedrückt, der Kampf um die Existenz, der Streit mit den Nachbarn, die Angst vor dem Alter, das Bangen, ob der Notgroschen reichen wird, die Sorge um die Zufriedenheit des Chefs und der Verdruss mit Kollegen ist für dich vorbei.
Der Tote sehnt sich nicht zurück. Er kann endlich einmal ausruhen und sein Sorgenbündel zuschnüren und abseits stellen." „So magst du es sehen", antwortete ich, „du willst dem Menschen, den du abholst, tröstlich begegnen. Was mich betrifft, so war meine Hoffnung stets stärker als meine Angst. Wenn ich statt meiner Frau sterben möchte, so deshalb, weil ich sie lieb habe und ihr die Freude des irdischen Lebens noch länger erhalten will."
Der Gevatter Tod sah mich lange an, es war etwas Gütiges in seinem Gesicht. „Gerade weil du deine Frau liebst, solltest du dir deine Entscheidung noch einmal überlegen. In einer guten Ehe, wie ihr sie geführt habt, 30 Jahre lang, wo immer einer für den anderen da war, wo es nichts gab, was nicht euer Gemeinsames war, wird der Zurückgebliebene, der Zurückbleibende härter getroffen als der Davongegangene. Du glaubst es nicht? Denke darüber nach, wie das Leben deiner Frau aussehen wird. Ihr Herz ist gebrochen – wie deines; nur dass sie damit weiterleben muss, jetzt alle Sorgen, die ihr bisher gemeinsam getragen habt, allein auf ihren Schultern. Das Leben wird für sie hart und unbequem sein, wenn du ihr nicht mehr zur Seite stehst. Sie wird über jeden Stein stolpern, den du ihr nicht mehr aus dem Weg räumen kannst.
Niemand ist da, ihre Tränen zu trocknen. Die Erinnerungen werden deine Frau quälen bei jedem Lied, auf jedem Spaziergang. Selbst der Anblick deines Löffels wird sie verwunden, wenn sie für sich allein den Tisch deckt. Sie wird einsam sein, eure Freunde werden sich von ihr zurückziehen. Denn wer mit einem Ehepaar befreundet ist, weiß meist nichts mehr mit dem zurückgebliebenen Partner anzufangen. Man wird sich entschuldigen, vielleicht noch an Feiertagen gedankenlos ein ‚Frohes Fest' wünschen. Deine Frau wird einsam daheim im Zimmer sitzen, sie wird auf die Uhr starren. Aber du kommst nicht herein; auch niemand, der nach ihr oder nach dir fragt!

Still wird deine Frau vor sich hinschauen und sich erinnern, dass sie dir nicht ein einziges Mal gedankt hat dafür, dass du sie zur Frau genommen hast und dass du ihr ein guter Mann warst. Die nicht gesagten Worte der Liebe liegen in ihrem Herzen wie Steine, die ihr den Atem abschnüren. Sie wird die Minuten, die sie dich warten ließ, verwünschen, denn jede dieser Minuten zählt jetzt wie tausend verlorene. Sie wird mit dem Stuhl sprechen und mit dem Tisch. Sie hat ja sonst niemanden, dem sie ihr Herz ausschütten kann. Es wartet keiner auf sie, es braucht sie niemand. Sag, willst du sie wirklich dieser Not freiwillig überantworten?"

„Nein!" rief ich, „so soll sie nicht leben! Ich liebe sie mehr als mich selbst! Lass *mich* so elend leben und nimm *sie* mit in den Frieden des Sterbens. Sie schläft oben – sie war müde. Trag sie behutsam davon, ohne sie zu wecken; sie könnte sich fragen, ob ich allein ohne sie fertig würde und sich kränken." Der Gevatter nickte mir zu. Es war wie ein Versprechen. Dann stand er auf und ging zur Treppe, die in den oberen Stock führte. „Nein!" schrie ich auf. „Lass sie mir! Oder nimm doch mich! Ich könnte es nicht ertragen, ihre Stimme nicht mehr zu hören, ihre Schritte im Haus, das leise Klirren des Frühstücksgeschirrs, wenn sie es am Morgen zurechtrückt. Ich kann nicht allein am Tisch sitzen. Ich kann nicht einschlafen, ohne neben mir ihren Atem zu hören.

Was gäbe es noch für eine Freude in der Welt, wenn sie nicht daran teilhätte? Der Stuhl, auf dem sie saß, der Mantel, den sie trug, das Türschild, das sie jeden Freitag putzte, jedes Hemd, das ich aus dem Schrank nähme und das nicht von ihr gebügelt worden ist, jeder Strumpf von mir, den sie stopfte, selbst die Bank in der Kirche, auf der wir gemeinsam beteten – wie könnte ich diesen Anblick ertragen? Mein Verstand würde zerstört von dem Gedanken an das, was ich unterließ. Wieviele zärtliche Worte blieben ungesagt, wieviel Gutes ihr zuliebe blieb ungetan! Warum las ich die Zeitung, morgens, statt mit ihr zu plaudern und sie anzusehen? Sie war doch schön und sie gefiel mir. Nie habe ich es ihr in den letzten Jahren gesagt!

Warum sagte ich nie: ‚Danke-schön, dass du bei mir bist, Danke-schön, dass du mich zum Mann genommen hast, Danke-schön, dass ich dich so lieb behalten konnte wie am ersten Tag unserer Liebe!'

Ich habe mich nie für ihr Leben bedankt, das sie mir schenkte; nie für ihre Geduld, mit der sie meine Ungeduld entwaffnete; nie für den Blick, mit dem sie mich immer ansah, für dieses Lächeln aus der Tiefe ihres Herzens.

Jetzt weiß ich, dass das Wort ‚meine Frau', das man ein Leben lang so dahinsagt, eines der schönsten Worte ist, das die menschliche Sprache kennt.

Lass mich noch einmal zu ihr gehen, Gevatter Tod, ehe du sie mir nimmst! Gib mir noch – eine Woche nur, um all das nachzuholen, was ich versäumte."

Da trat der Gevatter von der Treppe, die nach oben führte, zurück und ging zur Tür nach draußen. „Ich habe soeben in meinem Buch entdeckt, dass ich mich in der Hausnummer geirrt habe", sagte er, „ihr zwei kommt erst ein paar Seiten später dran, wie ich lese. Nichts für ungut, Freund. Aber nun nütze die Zeit bis dahin! Denn wenn ich wiederkomme, kann ich euch keine drei Tage geben, nicht einmal drei Minuten, um das nachzuholen, was ihr in dreißig Jahren versäumt habt!"

Autor und Quelle unbekannt

6
Erfahrungsberichte

Dank an Gott
Auszüge aus Briefen von Teilnehmern an ehespirituellen Kursen

Gut war die Erfahrung, dass wir uns auch mit kleinen Kindern an dieser Woche beteiligen konnten, wobei wir die Kinderbetreuung als einmalig gut empfanden. Unser kleiner Alois singt noch immer das Lied: „Der kluge Mann baut sein Haus auf Fels", was uns immer wieder an die schönen, gemeinsamen Tage erinnert.
Meine Frau und ich konnten auch auf Grund der „Liebesbriefe" in tiefere Gespräche vordringen. Auch für einen Neubeginn unseres gemeinsamen Glaubensweges sind wir sehr dankbar. Dazu kommen die guten Gespräche mit verschiedenen Teilnehmern und Referenten. Damit verbunden auch vertiefte Freundschaften. Auch eine neue Erkenntnis des Willens Gottes im Hinblick auf „finanzielle Absicherung" wurde uns geschenkt.

7 Jahre verheiratet, 3 Kinder

Voll Freude und mit neuem Glaubensmut traten wir die Heimreise an. Wieder im Alltag angekommen, empfanden wir den Kurs als große Hilfe. Das Bewusstsein, von Euch im Gebet mitgetragen zu werden, erfüllte uns mit starker Beruhigung und Zuversicht. Gestärkt durch die Erfahrungen beten wir ziemlich regelmäßig aus dem kleinen Stundenbuch jeweils die Laudes und Komplet.
Natürlich wollen wir auch unsere Niederlagen nicht verschweigen. Unsere familiären Schwierigkeiten (Schwiegermutter–Schwiegertochter) sind leider nicht weggeblasen. Wir erleben sie nach dem Maß unserer Gebete drückend oder erträglich. Es geht doch nichts über den schriftlichen Dialog; es müssen ja nicht gleich 55 Minuten sein.

11 Jahre verheiratet, 2 Kinder

Unsere Eheerneuerung senkte uns weiter in dieses Sakrament hinein, wir lernen anderen Ehepaaren und Familien anders, auch bekennender zu begegnen. Wesentlich waren und bleiben auch die Fotos von der Eheerneuerung, die ihr uns sandtet. Wir sind neu dadurch eine Einheit geworden bzw. noch daran, eine zu werden; wir dürfen tiefer in das Leben seines Kreuzes und daraus in das Leben seiner Auferstehung hineinwachsen.

24 Jahre verheiratet, 2 Kinder

Erneuerung der Ehe war angesagt
Und weil wir alle sehr geplagt
Vom Ehealltag mitgenommen
Sind wir gerne hierher gekommen.
In Heiligenbrunn, an der Quelle der Gnaden
Durften wir uns umfassend laben
Als Kirche im Kleinsten und wichtigsten Ort
Erfuhren wir neu unseren Auftrag von Gott.

Gästebuch

Das Seminar hat in unserer Familie einen tiefen Einschnitt im Leben mit Christus gemacht. Wir konnten unseren Glauben vertiefen und Gottes Liebe annehmen. Besonders in unserer Ehe und Familie, in der Beziehung zu unseren Kindern hat sich vieles zum Positiven gewendet. Die christliche Gemeinschaft der Seminar-Familien hat uns damals besonders beeindruckt und ein bleibendes Bild hinterlassen. Unsere Kinder haben bei diesem Seminar in kindlicher Weise die Liebe und den Geist Jesu Christi in froher Gemeinschaft erfahren dürfen.
Ich selbst muss immer wieder daran denken, wie mich meine Frau zu diesem Seminar fast mitziehen musste. Ich war sehr skeptisch und vieles war mir ungewiss. Doch wenn ich heute (ein Jahr danach) zurückdenke, habe ich durch dieses Seminar eine Erneuerung unserer Ehe und eine Heilung an Leib und Seele erfahren. Meiner Frau geht es genauso. Inzwischen gehöre ich unserem Männerbibelkreis an, was mir vor dem Seminar noch undenkbar gewesen ist. In dieser Gemeinschaft

vertiefen wir uns im Evangelium und nehmen uns gegenseitig in christlicher Liebe an.

17 Jahre verheiratet, 2 Kinder

Es war das erste gemeinsame freie Gebet, das mein Mann und ich voreinander aussprachen. Schon dafür hat sich der Kurs gelohnt. Die Ehepartner hatten unerwartet Zeit füreinander, Zeit, in der sie sich bewusst und unter Anleitung mit ihrer Ehe als Sakrament auseinander setzen konnten. Sehr positiv wurde der Austausch mit anderen Ehepaaren empfunden, die teilweise schon seit Jahren versuchen, ernsthaft aus ihrem Glauben zu leben. Und zwar nicht nur als Einzelne, sondern auch als Ehepaar und Familie. Das war für uns ziemlich neu. Bei uns hatte jeder für sich wohl eine Entscheidung für den Glauben gefällt und versucht, sie im Alltag umzusetzen. Die Offenheit, mit der andere im Beisein ihres Ehepartners über ihre Probleme mit dem Glauben, ebenso wie über ihre Eheprobleme sprechen konnten, sie vor der Gruppe und vor Gott ausbreiten konnten, wirkte auf uns „Neulinge" ermutigend und ansteckend.

Unsere Kinder, vor allem die Jugendlichen standen der Teilnahme an so was „Frommen" zunächst skeptisch gegenüber, waren aber dann vom ersten Tag an begeistert und bekamen viele Anregungen. Die Betreuer beeindruckten durch die Echtheit und das Engagement in ihrem Glauben. Im Monat nach dem Kurs trafen wir uns zaghaft zu einem Erfahrungsaustausch mit den anderen teilnehmenden Ehepaaren aus unserer Pfarrgemeinde, woraus sich unser Familienkreis entwickelte. Inzwischen beteiligen sich die Männer an Bauarbeiten im Gemeindezentrum und tragen den Männerbibelkreis. Die Frauen gestalten Kindergottesdienste für die Gemeinde und treffen sich zum persönlichen Austausch.

14 Jahre verheiratet, 6 Kinder

Bei den Kindergruppen haben wir die Erfahrung gemacht, dass diese sehr gut geleitet wurden. In der Gruppe der Kleinsten, die unsere jüngste Tochter (gut dreieinhalb Jahre alt) besuchte, war für uns die wohlwollende Atmosphäre der Liebe und Zuwendung spürbar. Es war reichlich Spielzeug vorhanden. Für diese Gruppe der Kleinsten standen drei Erwachsene zur Verfügung, die auch abends, wenn die Kinder im Bett waren, ihren Wachdienst versahen, so dass wir unbesorgt das jeweilige Angebot für die Ehepaare in Anspruch nehmen konnten. Unser zehnjähriger Sohn war sehr begeistert und glücklich in der Gemeinschaft Gleichaltriger. So erlebten wir diese Arbeit an den Kindern als sehr positiv, es war ein Dienst, der für unser Empfinden aus christlicher Verantwortung und Liebe heraus geleistet wurde. Mit den Kindern gemeinsam erlebten wir zwei Familiengottesdienste, wo wir miteinander die Freude am Glauben und an der Gemeinschaft mit Christus teilen durften. Zugleich berührte uns die Tiefe des Evangeliums, welches die Kinder im Rollenspiel darstellten.

Ein weiteres gemeinsames Tun mit allen Familien, was uns persönlich beeindruckt hat, war ein evangelistischer Einsatz. Wir haben uns nach dem gemeinsamen Gebet für dieses Vorhaben als Gruppe von katholischen Familien an einem ziemlich belebten Platz versammelt. Ein Kreuz, eine große Marienikone und ein Schild, versehen mit den Worten „Familien mit Christus" gehörten zu unserem Zubehör und waren für jeden Vorübergehenden sichtbar. Mit christlichen Liedern, Tanzen, biblischen Rollenspielen der Kinder, Zeugnissen von zwei unserer Ehepaare, wie sie in ihrem Leben Christus erfahren haben und den entsprechenden Worten des Priesters und des Verantwortlichen aus dem Leitungsteam teilten wir unseren Glauben mit. Nachher kamen wir dann mit verschiedenen Menschen ins Gespräch und hatten die Möglichkeit, ihre Fragen zu beantworten und mit ihnen über unsere persönliche Beziehung zu Jesus Christus zu sprechen.

Diese Form der Evangelisation war für Erwachsene und Kinder ein tiefes Erlebnis und zugleich eine Ermutigung, den Glauben im Alltag konkreter zu bekennen, denn der Glaube lebt vom Hören und kann nur weitergegeben werden durch lebendige Zeugen. Auch die Möglichkeit zum Empfang des Bußsakramentes wurde von Erwachsenen und Kindern genutzt. Für uns waren die Beichtgespräche befreiend und heilsam. Zum Schluss möchten wir mitteilen, dass wir auch von anderen

Ehepaaren und ihrem Umgang mit den Kindern lernen durften, zumal die Atmosphäre in der Gemeinschaft rundum gut war und von gegenseitiger Liebe und Wohlwollen geprägt war.

13 Jahre verheiratet, 3 Kinder

Für unsere Kinder habe ich mehr Geduld und Verständnis. Das nehmen sie mit großer Dankbarkeit wahr. Unser Sohn sagte mir: Mama, seit wir gläubig sind, ist es bei uns viel schöner. Ein großes Bedürfnis wurde mir, wieder zu beichten.

15 Jahre verheiratet, 2 Kinder

In den Herbstferien verbrachte die ganze Familie eine Woche der Familienexerzitien bei „Familien mit Christus" mit dem Thema „Christliche Familie und Erziehung". Diese Woche war für uns die ereignisreichste und schönste und anstrengendste (Erfahrungen der eigenen Grenzen) in diesem Jahr. Am Ende der Woche erneuerten wir unser Eheversprechen vor Gott und den anwesenden Teilnehmern. Die Kinder waren ideal betreut und am Ende so begeistert, dass sie sich auf der Heimfahrt erkundigten, wann der nächste Kurs stattfindet. Wir meinen, einiges klarer zu erkennen, was Gott von uns will. Das Erleben dieser Woche bestärkte uns weiter darin, Situationen unserer Ehe, die zu Konflikten führen, in einer Eheberatung zu besprechen und aufzuarbeiten. Dies führte bis jetzt zu einem Hinterfragen der Vergangenheit und von uns selbst. Wir hoffen, mit den Erkenntnissen anders an die Konfliktlösungen herantreten zu können. Wir glauben manchmal zu ahnen, was Gott aus uns machen würde, wenn wir uns seiner Führung rückhaltlos übergeben würden (Ignatius von Loyola).

10 Jahre verheiratet, 6 Kinder

Schade, die guten Tage gehen immer sehr schnell vorbei und man muss die „Schätze", die einem geschenkt wurden, ganz schön hüten, dass sie nicht abhanden kommen. Jedenfalls gehen unsere Gedanken und unser Empfinden gerne nach Heiligenbrunn zurück.

22 Jahre verheiratet, 4 Kinder

Kennen Sie das? Ein treuer Mitarbeiter der Pfarrei hat sich nach langem Zureden und inneren Kämpfen entschlossen, endlich einmal Exerzitien zu machen. Der Pfarrer und die Frau geben sonst doch keine Ruhe. Am Montag reist er mit zwiespältigen Gefühlen ab. Am Freitag kommt er zurück. Er ist tatsächlich verändert. Er hat erlebt: Glaube ist mehr als Aktivität in der Gemeinde. Eine große Freude erfüllt ihn. Er spürt: Jetzt muss daheim alles anders werden. Strahlend betritt er sein Haus und erzählt begeistert. Seine Frau, seine 16-jährige Tochter und sein 14-jähriger Sohn staunen. So haben sie den Vater noch nicht erlebt. Sie schauen ihn verständnislos an. Er erscheint ihnen etwas abgehoben. Vielleicht ist sogar Schlimmeres mit ihm geschehen. Niemand sagt es: Hat er noch alle Tassen im Schrank? Der Vater bemerkt die abweisende Atmosphäre. Am nächsten Tag macht er einen neuen Versuch, seine Bekehrung herüberzubringen. Dieselbe Wirkung. Am dritten Tag noch ein Versuch. Dann gibt er auf. Der Anstoß aus den Exerzitien ist verpufft. Es waren schöne Tage, die er nie vergessen wird, aber ohne Auswirkung auf seine Familie.

Das ist ganz anders, wenn man in Heiligenbrunn Exerzitien macht. Da ist nämlich die ganze Familie dabei: die Eltern, die größeren Kinder und die kleinen bis zu den Säuglingen. Ich habe fünfmal bei solchen zehntägigen Familienexerzitien in Heiligenbrunn im Erwachsenenprogramm mitwirken dürfen. Es geht davon ein unermesslicher Segen aus. Und es geschieht wirklich etwas in den Familien. Alle haben einen neuen geistlichen Anstoß erhalten und ordnen in der gemeinsamen Überzeugung das Leben neu. Die Bibel erhält ihren Platz im Leben. Die Eltern haben ihre Ehe neu und tiefer entdeckt. Ihre gegenseitige Liebe hat eine neue Dimension bekommen. Sie haben gelernt, miteinander zu reden, auch über Themen, die vorher tabu waren. Sie haben das Gebet und den Gottesdienst neu zu schätzen und zu vollziehen gelernt als eine reiche Quelle ihres Familienlebens.

Gemeindepfarrer

In Gedanken sind wir häufig bei all dem, was im Familienkurs so war und jetzt irgendwo im Alltag aufbricht. Wir beide sind schon unheimlich dankbar für die Tage. Einige Probleme sind bei uns auch dadurch aufgetaucht! Und wir stehen im Moment in einem Prozess des Aufdeckens und Heilenlassens. Dass dieses alles nicht ohne „Schmerzen" und „Wehtun" vor sich gehen kann, das könnt ihr euch bestimmt denken. Dies ist alles nur mit Hilfe des Herrn und im Vertrauen auf Jesus, der auch für uns ans Kreuz geschlagen wurde, möglich. Wir sind sehr zuversichtlich und vertrauen auf die Erfahrung, dass durch das Leid erst die Auferstehung – der heile Mensch – zum Vorschein kommt. Es ist einfach lebensnotwendig, dass für uns Familien von Seiten der Kirche etwas getan wird. Wenn unsere Ehen bzw. Familien eine Chance haben sollen, dann in dem Bewusstsein, dass Jesus die Mitte sein muss.

11 Jahre verheiratet, 2 Kinder

Wir sehen gerade jetzt wieder in unserer nächsten Umgebung, wie wichtig eure Arbeit ist, wenn wir hilflos zusehen müssen, wie die Ehen von Freunden und Nachbarn in die Brüche gehen und verstörte Kinder und verletzte Erwachsene alles sind, was von Ehe und Liebe übrig bleibt. Macht weiter so! Es ist sehr, sehr wichtig!

7 Jahre verheiratet, 3 Kinder

Obwohl uns der Alltag eingeholt hat, wirkt Heiligenbrunn positiv auf uns weiter. Das gemeinsame Beten gelingt uns fast jeden Tag.

8 Jahre verheiratet, 3 Kinder

Vor drei Jahren hat es hier angefangen
Von da an sind wir als Ehepaar neue Wege gegangen
Ein Weg mit dem Herrn –
Nicht mehr jeder für sich,
neu und spannend und überhaupt nicht langweilig
Täglich gibt es was zu entdecken –
Brauchen nichts mehr voreinander zu verstecken.

In seinem Licht sich zu ertragen
Auch an schwierigen dunklen Tagen.
Dies durften wir lernen Stück für Stück,
drum kehren wir gerne hierher zurück.

23 Jahre verheiratet, 3 Kinder, im Gästebuch

Bei Familientreffen erzählen wir immer wieder von eurem „heilsamen Haus". Hier im Ort haben wir schon mehrere Ehepaare auf euch neugierig gemacht, ob sie den Sprung in ein Seminar letztendlich wagen, müssen wir der Führung des hl. Geistes überlassen.

9 Jahre verheiratet, 2 Kinder

Die Familientage „Als Familie mit der Bibel leben" waren unser schönster Urlaub, den wir bisher miteinander erleben durften. Wir haben Gottes Segen und Gegenwart hautnah spüren dürfen. Seither ist in unserer Ehe vieles heil geworden.

6 Jahre verheiratet, 2 Kinder

Der Kurs „Heile Person – heile Ehe" hat uns aufgezeigt, wo unsere Wunden liegen. Das Verhältnis zum Ehepartner und zu den Kindern hat sich neu vertieft. Es wurden längst vergessene Gefühle neu entdeckt. In sehr schöner Erinnerung bleibt uns die Übung, sich einen Liebesbrief zu schreiben. Der Kurs hat uns auch darin geschult, Konflikte miteinander auszutragen. Wir verstehen uns gegenseitig in Stresssituationen jetzt besser als zuvor. Auch haben wir feste Zeiten für unsere Beziehung eingeplant, die wir konsequent einhalten. Das Wochenende war für uns ein Annähern an Gott, was wir noch nie zuvor so erlebt haben. Es ist für uns ein Anfang gemacht.

2 Jahre verheiratet, ohne Kinder

Für mich ist Heiligenbrunn so etwas wie eine geistliche Heimat geworden. Ich fühle mich bei jeder Begegnung mit Euch sehr zugehörig. Zumal dieses stimmige Gefühl ja nicht einfach zu haben ist, wenn es um den praktizierten Glauben geht. Ich bin von Herzen dankbar, dass wir bei Euch „gelandet" sind und dass wir immer wieder neu den ganz speziellen „Heiligenbrunner Segen" erfahren dürfen. Es ist mir ein echtes Bedürfnis, mich bei Euch nach meinen Möglichkeiten und Fähigkeiten einzubringen.

8 Jahre verheiratet, 2 Kinder

Sogar unser Kleinster (12 Monate) war in der Krabbelgruppe, das hätten wir nie gedacht, große Erleichterung, super, Danke.

Bei einigen Themen war ich auf Wiederholung und damit Erholung eingestellt, doch es geschah ein schmerzhafter Prozess, der Kraft kostete und mich weiterbrachte.

Gestärkt, geordnet, ein Stück größer fahre ich heim.

Unsere Konfliktlösungen in der Ehe sind seitdem viel liebevoller.

Ich wurde ermutigt, mir eine geistliche Begleitung zu Hause zu suchen. Und ich habe sie gefunden.

Beim Osterkurs war es für mich mal wieder sehr schön, die ganze Osterliturgie dank der Kinderbetreuung mit meinem Mann feiern zu können. Dies wäre mir in meiner Gemeinde nicht möglich gewesen. Auch habe ich die Gottesdienste am Abend, ohne Kinder, sehr genossen, weil man sich wirklich dann ganz auf die Messe einlassen kann.

7 Jahre verheiratet, 3 Kinder

Zu unharmonisch verlief unsere Ehe über viele Jahre, zu häufig wechselten Zeiten der Harmonie mit Zeiten der Verletzungen und Kränkungen. Dabei waren die äußeren Bedingungen durchaus akzeptabel. Es gelang uns nicht, ein dauerhaft herzliches Verhältnis zueinander zu finden. Unsere Beziehung belastete am meisten unsere Sprachlosigkeit. Wir verstanden es nicht, uns gegenseitig unsere Probleme anzuvertrauen und uns über sie auszutauschen.

1990 nahmen wir an einem vierzehntägigen Familienkurs teil. Viel wurde aufgedeckt, was unsere Beziehung belastete. Aber es waren gute Tage. Schon einige Wochen wieder zu Hause, bemerkte unsere Älteste: „Seit wir in Heiligenbrunn waren, ist es daheim viel schöner!" Immer häufiger waren wir in Heiligenbrunn bei der Gemeinschaft „Familien mit Christus". Wir lernten, miteinander zu reden und machten die Erfahrung, dass wir mit unseren Problemen nicht alleine sind. Die Auseinandersetzung mit unserer gemeinsamen Ehegeschichte, aber auch mit der ganz persönlichen Lebensgeschichte eines jeden von uns, brachte uns erstmals spürbar weiter. Damals nahmen wir ganz bewusst Jesus als Dritten in unseren Ehebund. Das tägliche gemeinsame Gebet wurde die Regel. Wir engagierten uns in unserer Pfarrgemeinde als Lektoren, Kommunionhelfer und bei der Vorbereitung von Erstkommunion und Firmung. Vor vier Jahren gründeten wir unseren Ehepaarhauskreis. Einige Ehepaare aus unserer Gemeinde waren inzwischen wie wir in Heiligenbrunn, erneuerten dort ihr Eheversprechen und gaben ihrem Leben eine neue Richtung. Sie sind heute aktive Mitglieder unserer Pfarrgemeinde. Fast alle sind auch Mitglieder im Pfarrgemeinderat.

25 Jahre verheiratet, 4 Kinder

Ein Heilbrunnen für Familien

Mittelbayerische Zeitung

Im Blaumann meines Vaters
Meditationen bei einer Ora-et-labora-Woche

In der Firma bin ich Büro-Mensch mit 17 Jahren Berufserfahrung, überbezahlt und mit einem Anspruch auf 35 Urlaubstage. Aber hier bin ich Handlanger Gottes, mit Aussicht auf Kost und Logis und dem Ehrgeiz, sich wirklich einmal das Essen zu verdienen. Wie Vater es tat. Der gelernte Kupferschmied war Vorarbeiter in der Zuckerfabrik mit Belegschaftsnummer 3731. Ich weiß das deswegen so genau, weil sein gelber Stundenzettel als proletarische Reliquie gegenüber einem gerahmten Druck der Muttergottes von Vladimir in meinem Arbeitszimmer hängt. Vater hat Rohre geschnitten und geschweißt. Er war ein Held der Arbeit, der bei einer Betriebsstörung mit dem bloßen Daumen seiner rechten Hand ein Leck im Rohrsystem abdichtete. Brühheiß war das Zuckerwasser, das er am Austreten hinderte. In der Fabrik erzählt man sich diese Legende noch heute. Und nun trage ich sein Erbstück, ein blaues Arbeitsgewand, das er „Überzugsgewand" nannte. Mittags kam er damit immer nach Hause zum Essen geradelt. Weil er schmutzig war von der Arbeit, durfte er sich immer nur auf den Stragula-Boden legen für seine Zehn-Minuten-Rast. In der Zeit habe ich ihm dann meist den Meterstab versteckt. Daran denke ich, wenn ich das „Überzugsgewand" trage. Es passt mir nicht. Ich habe Hochwasserhosen. Aber Vater ist jetzt sicher stolz auf mich, dort wo er ist – ich hoffe er ist im Himmel.

Ich schneide entlang der Eisenschablone mit einem scharfen Messer Fermacell-Platten zurecht und fühle eine unbeschreibliche Einheit mit ihm und meinem Vater im Himmel, dessen Existenz der Held der Arbeit immer geleugnet hat. Nebenbei: Er konnte „die Schwarzen", die er in seiner derben Art auch gerne „Kuttenprunzer" nannte, nicht riechen.

Vater, verzeih die komische Baustelle! Der Junior-Inhaber einer schwäbischen Firma mit 100-Millionen-Umsatz, ist mein Helfer. Er erzählt mir von seinem Weg im Glauben, den er mit seiner Frau und den Kindern geht, während ich zuschneide. Dann tragen wir schweigend die Platten die 112 Treppenstufen hoch in den Speicher. Er, der in dieser Welt „da oben" ist und ich, dein Sohn, der von da unten kommt – wir sind Brüder, „schwarze" Brüder.

Oel-Woche heißt das hier. Oel kommt vom Lateinischen „ora et labora", ist eine fromme Abkürzung und heißt soviel wie Beten und Arbeiten. Heiligenbrunn ist Kloster auf Zeit, allerdings mit Frauen. Männer und Frauen bauen für das geistige Zentrum „Familien mit Christus" das Haus aus, damit noch mehr Familien zu Christus finden können, wie sie einst zu Christus gefunden haben. Es ist eine Geste ihrer Dankbarkeit.

Beten und Arbeiten. Es ist seltsam, dass mir gerade hier mein Vater so nah ist, wo er beim Arbeiten doch nur geflucht hat. Beten und Arbeiten, nein, das war nicht seine Welt. Na gut, der Hopfenkeller, in dem man sich nach Arbeit und Vespergebet trifft, der hätte ihm gefallen. Überhaupt die Gegend war sein Traum. Gleich hinterm Zaun des Familienzentrums beginnen die Hopfengärten. Als junger Mann fuhr Vater mit Groß-Familie in die Holledau zum Hopfenzupfen. Großmutter, Tanten und Onkel – alle freuten sie sich aufs jährliche „Hopfazupfa", danach war die Familie nicht selten größer. Also mit Gebet und Arbeit hatte das damals eher weniger zu tun. Ich kann mich als Kind erinnern, wie Großmutter beim Erzählen der Hopfazupfa-Geschichten immer leuchtende Augen bekam. Jetzt in Heiligenbrunn, mit Blickkontakt zum Brauereistandort Hohenthann, bin ich meinen Wurzeln so nahe und doch so unendlich fern.

Vater, du konntest immer erst richtig arbeiten, wenn du dabei laut, ausgesucht und anhaltend geflucht hast. Stell dir vor, wir beten jeden Tag, bevor wir zu arbeiten beginnen und auch wenn wir aufgehört haben. Und abends teilen wir die Bibel miteinander, das ist das zerfledderte Taschenbuch, das du damals von den Amerikanern aus der Gefangenschaft am Mississippi mitgebracht hast. Du hast auf den Vorsatzblättern Schönschreib-Übungen gemacht. Das malträtierte Buch war unsere Familienbibel. Gelesen haben wir darin nie, es war ja deine Kriegsreliquie, die über den Großen Teich gefahren ist. Damals bei dieser großen Fahrt hattest du dein skeptisches Schlüsselerlebnis, als du von der Reling hinunter in die unendlich weite See blicktest. Du hast uns dein Unglaubens-Bekenntnis immer nach unserem Kirchgang mit Mutter deklamiert. Es lautete: „Alles, was da kreucht und fleucht, kommt und vergeht, kommt und vergeht." Diesen Satz sprachst du immer Hochdeutsch.

Also abends in Heiligenbrunn teilten wir die Bibel miteinander, Männer mit Männern und Frauen mit Frauen. Das heißt, wir sprachen über das, was uns im Wort Gottes bewegte, anrührte. Einmal ging es um die Taufe Jesu im Jordan. Weißt du, das war damals, als der Himmel aufging und der Vater vor aller Welt zu seinem Sohn sagte: „Dies ist mein geliebter Sohn, an welchem ich Wohlgefallen habe." Das hättest du auch gerne einmal gehört. Wann hast du das zu mir gesagt? Wie konnte ich das nur erwarten. Vater, du hast deinen leiblichen Vater nur vom Foto gekannt, als „chevau leger" der Landshuter Reiter, die linke Hand in die Hüfte gestützt, mit baumelndem Degen. „Ich bin ein Kind der freien Liebe", so hast du deine Lebens-Wunde verklärt. Mich hast du dafür einen Stubenhocker und einen „toten Hund" genannt, weil ich nicht in deine wunderbare Fabrik, sondern in das Gymnasium ging. Du hast den berühmten Besen mitsamt der Putzfrau an die 20 Mal verwettet, dass ich es nicht schaffe.

Selbst Jesus brauchte die Annahme durch den Vater. „Um sich verschenken zu können", sagte einer meiner Brüder an einem unvergessenen Bibelabend, „muss man selbst angenommen sein und sich ganz besitzen."

Das Wort sickert bei der Arbeit ein wie Himmelstau in die Erde. Der Rahmen des Fensters fasst ein Landschaftsbild im Frühling. 30 Hektar große Felder, der Hopfengarten, der Wald. Im Garten streichen die Frauen die Kinderspielgeräte. Unser Kleinster grübelt im Sandkasten. Himmlischer Friede allenthalben. Ich bin auf einer neuen Baustelle – im Oratorium. Gestern haben wir die Styropor-Decken abgehängt, eine schöne, warme Holzdecke soll rauf. Die Baustelle wird dir seltsam vorkommen. Neben dem Werkzeugkasten steht kein Bier. Und wenn dem Vorarbeiter, der oben auf dem fahrbaren Gerüst die „Nut und Feder"-Bretter hochtuckert, einmal was aus der Hand fällt, erklingt im Saal kein blasphemisches Kirchenlatein.

Hier bin ich im Sommer 1993 auch gestanden, mit meiner Frau. 14 Ehe-Jahre haben wir gebraucht, um an diesem Ort unseren Neuanfang mit Gott zu machen, die dreifache Schnur zu binden, die keine Macht der Erde zerreißen kann. Das hört sich fromm an, das geht so glatt von den Lippen. Aber ich kann dir sagen, ich hab gestammelt wie ein Kind, das zu sprechen beginnt: „Ich nehme dich neu an als meine Frau." Damals in Heiligenbrunn ging der Himmel für mich auf. Ich wünschte, Vater, du wärst dabei gewesen.

Helmut Wanner

Gott schenkt Gaben

Mein Name ist Manfred, ich wohne in Ulm. Seit 35 Jahren bin ich mit Monika verheiratet und wir haben drei Kinder. Beruflich bin ich als Diplom-Ingenieur in einem mittelgroßen Industriebetrieb tätig.
Von Jugend an war ich ein gläubiger Christ und engagierte mich aus diesem Geist heraus in der Kirche in vielfältigen Bereichen. Das Jahr 1979 brachte für mich eine Wende. Im Herbst dieses Jahres meldete mich meine Frau Monika zu einem fünftägigen Glaubensseminar in Stuttgart an. Meine Begeisterung hielt sich in Grenzen. Nachdem Monika schon seit längerer Zeit einem Gebetskreis angehörte und ich spüren konnte, wie wichtig dies für ihren persönlichen Glauben geworden war, bin ich neugierig geworden. Aber es fehlte mir einfach das Verständnis für eine geistliche Neuorientierung und Vertiefung, zumal ich mit meinem Engagement in der Gemeinde doch an vorderster Front stand.
Ich konnte deshalb beim besten Willen nicht erkennen, dass es bei mir irgendwo geistlichen Handlungsbedarf geben könnte. Die hl. Schrift war für mich kein Thema, sie war nach meiner Einschätzung ein Buch für Theologen, und so befand sich auch kein Exemplar in meinem Besitz.
Die Tage in Stuttgart warfen mich total aus der Bahn. Nach anfänglicher Abneigung wurde mir durch die vielen Zeugnisse sowohl von der Tagungsleitung als auch von den Teilnehmern eine ganz neue, bisher nicht gekannte Dimension meines Glaubens offenbar. Die Erkenntnis, dass Gott tagtäglich erfahrbar ist, wenn ich es nur zulasse, eröffnete mir für meine Aufgaben in Familie, Beruf und Kirche ganz neue Perspektiven. Jetzt wurde mir plötzlich klar, wer der eigentliche „Macher" ist.
Aber zunächst ging es schrittweise voran: Zuerst entdeckte ich die Bibel neu. Ich las sie mit Heißhunger, zwei Jahre lang gab es für mich kein anderes Buch. Und ich verstand sie plötzlich als ein wunderbares Zeugnis von Menschen über ihre vielfältigen Erfahrungen mit ihrem Gott. Während dieser Zeit verschoben sich in meinem Leben die Prioritäten

zum Teil beachtlich. Ich lernte durch die Prinzipien geistlicher Entscheidungsfindung, was zu tun und was zu lassen ist.

Obwohl der Aufgabenumfang in Familie, Beruf und Gemeinde nicht geringer wurde, hatte ich doch mehr Zeit, weil ich gelassener an die Dinge herangehen konnte. Immer mehr festigte sich bei mir das Bewusstsein: du musst es nicht alleine tun, du kannst es auch nicht. Bei mir entstand ein ganz neues Gottvertrauen. So konnte ich gelassen bleiben und auch ein nach meinen Maßstäben als Misserfolg beurteiltes Ergebnis in seinem Lichte positiv sehen.

Ab da fielen mir Aufgaben zu, für die ich mich früher als absolut ungeeignet betrachtet hätte. Als die Aufgabe anstand, einen Gebetskreis zu leiten, betete ich zu Gott: „Du kannst mir alles Mögliche zumuten, aber die Leitung einer Gebetsgruppe nicht, das kann ich nicht und das will ich nicht, dazu bin ich nicht geeignet. Aber er gab mir die Befähigung, und so wuchs ich schnell in diese Rolle hinein. Es war atemberaubend. In der Gemeinde war ich vorher Spezialist für die Planung und Gestaltung geselliger Veranstaltungen. Er nahm mir diese Aufgabe aus der Hand und führte mich an pastorale Aufgaben heran, so dass ich Glaubenskurse verantwortlich durchführen und Besinnungstage leiten konnte. Wer hätte das gedacht.

Immer mehr wuchs ich in die Aufgabe der Glaubensweitergabe hinein und konnte dies einbringen in der Ehevorbereitung des Dekanates sowie in der Kinder- und Jugendarbeit der Pfarrgemeinde und eines Geistlichen Zentrums. Dabei ist es mir gemäß meinem Charisma ein Anliegen geworden, den Menschen etwas von der Freude zu vermitteln, die uns der Herr durch Ostern geschenkt hat. Ich konnte mich noch nie so gut und so frei fühlen wie heute, wo ich mich ganz der Vorsehung Gottes ausgeliefert habe.

Schon über 20 Jahre sind vergangen seit meiner Umkehrerfahrung in Stuttgart. Manches von der anfänglichen Euphorie hat sich gelegt, aber das konnte an meiner Beziehung zu Gott nichts ändern. Im Gegenteil, mein Weg war noch nie so klar wie heute. Und ich muss bezeugen, dass es für mich immer wieder deutliche Erfahrungen und Bestätigungen vom heilsamen Wirken Gottes in meinem

Leben gibt. Und für alle meine Bitten fand der Herr die angemessene Antwort.

Als er uns vor 16 Jahren noch ein drittes Kind geschenkt hat, glaubte ich zunächst, dieser Aufgabe nicht mehr gewachsen zu sein. Aber das sah er anders, und er ließ mich dies auch sehr schnell spüren. Ich weiß noch ganz genau, wie mich plötzlich dieses Glücksgefühl überwältigte, als würde Gott zu mir sagen: „Das packen wir gemeinsam, hab keine Angst!" Von da ab sah die Welt für mich wieder anders aus. Heute bin ich für dieses unerwartete Geschenk und für die bisher erlebte Zeit unendlich dankbar. Es war wieder ein guter Gedanke Gottes. Mein Sohn ist ein guter Gedanke Gottes.

Ich kann sagen, dass ich nach meiner Umkehrerfahrung vor über 20 Jahren eine zunehmende Freude für mein Engagement in der Kirche gefunden habe und dabei viele neue Gaben entdecken konnte, die ich früher bei mir nicht für möglich hielt. Es geht mir wirklich gut mit meinem Gott. Danke!

Manfred Mayer

Gott in unserem Ehebund

Wir kommen beide aus aktiven katholischen Familien, allerdings mit sehr unterschiedlicher Prägung. Zur Hochzeit hatte jeder seine Beziehung zu Gott. Wir wussten beide, dass wir nur im Vertrauen auf ihn dieses Wagnis der Ehe eingehen können.

In den ersten Jahren genossen wir schöne gemeinsame Zeiten, in denen auch die ersten beiden unserer drei Kinder zur Welt kamen. Die ersten Jahre war ich sehr darauf bedacht meinen Mann/meine Frau glücklich zu machen und habe das auch von ihm/ihr erwartet. Deshalb haben wir versucht, alles Negative zu verdrängen und zu unterdrücken. Wir haben uns bemüht, Streit zu vermeiden, aus Angst den anderen zu verletzen oder gar zu verlieren.

Aber tatsächlich gab es auch unangenehme Gefühle wie Angst und Verschlossenheit, Ärger und das Gefühl der eigenen Minderwertigkeit. Dies wurde besonders im sexuellen Bereich spürbar. Im tiefsten Inneren habe ich mich bei meiner Frau/meinem Mann nicht fallen lassen können, weil ich mich nicht restlos öffnen konnte. Tiefes Verstehen und Ehrlichkeit als Grundlage echter Gemeinschaft, wie wir es heute kennen, war kaum möglich.

Während der Kar- und Ostertage 1994 nahmen wir als Familie an Familienexerzitien bei der geistlichen Gemeinschaft „Familien mit Christus" teil.

Im Zusammensein mit anderen Ehepaaren und im gemeinsam gelebten Glauben haben wir erfahren, wie alltäglich Konflikte und persönliche Schuld in der Ehe sind. Dort haben wir leibhaftig erfahren, dass Jesus genau das mit ans Kreuz genommen hat, was wir versucht haben voreinander zu verstecken. Wir haben gespürt: Gott nimmt mich so an, wie ich wirklich bin.

Das hat uns Mut gemacht, während der zehn Tage Vorbereitung auf Ostern mit noch viel Angst und auch Tränen unser Miteinander tiefer zu hinterfragen.

Mit Gottes Hilfe haben wir die Mauern und Schutzsysteme erkannt, hinter denen wir alles versteckt hatten, was unserer Meinung nach schlecht war. Ich fand die Kraft, meine Wunden und Schwächen anzuschauen und vor Gott und vor meiner Frau offenzulegen.

In unserer Schwachheit und Verletzlichkeit erfuhren wir eine ganz neue Nähe und tiefe Gemeinschaft miteinander und mit Gott. Auf dieser Grundlage haben wir in der Osternacht 1994 unser Eheversprechen nach fünf Ehejahren erneuert. Wir haben Gott wirklich als Dritten im Bund erlebt, was bis heute unsere Ehe verändert hat.

Aber was heißt das konkret: Gott hat etwas zu tun mit dir und mir? Ich kann jetzt mehr zulassen, dass Gott mich anschaut mit seinen liebenden Augen bis in die Tiefe.

Mit seiner Hilfe mache ich mir selbst nicht mehr so viel vor. Ich schaue auch auf meine unangenehmen und schwierigen Seiten in regelmäßigen Beichtgesprächen und im Ehegespräch mit meiner Frau/meinem Mann. Unsere Beziehung ist dadurch viel ehrlicher und tiefer geworden. Wir haben in Gottes Liebe und Treue zu uns eine tragfähige gemeinsame Basis gefunden, die durch Konflikte nicht berührt wird. Wir haben nicht mehr so viel Angst vor Auseinandersetzungen, auch wenn sie immer noch unangenehm sind. Wir wissen, dass sie zur Ehe dazugehören und auch Chancen bergen.

Aus der Haltung „mein Glaube" und „dein Glaube" ist ein gemeinsames Fundament für unser Ehe- und Familienleben geworden: Dies findet heute seinen Ausdruck in vielen Gesten und Gewohnheiten in unserem Alltag. Sowohl unseren Kindern wie uns ist es wichtig, uns gegenseitig zu segnen, wenn wir uns verabschieden oder abends schlafen gehen. Das gemeinsame oft freie Gebet auch mit den Kindern ist uns wertvoll. Dort werden alle Freuden und Sorgen des Alltags miteinander und mit Gott geteilt. Als Ehegebet ist uns die Pfingstsequenz aus dem „Gotteslob" zur guten Gewohnheit geworden. So können wir bekennen: Mit Gott auf dem Weg ist unsere Ehe bis heute immer reicher geworden.

Im Herbst 1999 ließ auch ich, Sonja, mich auf geistliche Begleitung ein bei einem Ordenspriester. Er gehört der neuen geistlichen Gemeinschaft Marriage Encounter (ME) an, deren besonderes Charisma es ist, in Beziehung zu leben als christliche Eheleute und Priester. Sein Hinterfragen hat mir deutlich gemacht, wie wenig ich von mir selbst, d. h. meinen eigenen Gefühlen und Bedürfnissen weiß. Aber auch von meinem Mann Johannes wusste ich recht wenig. Scheinbar versteckten wir noch immer viel vor uns selbst und voreinander.

Im Frühjahr 2000 nahmen wir an einem Wochenende der ME-Gemeinschaft teil. Gott hat uns dort ganz neu die Augen füreinander geöffnet, und wir haben viel Neues voneinander erfahren.

Da es eine so gute Erfahrung war, wollten wir diesen Weg weiter gehen über Brückenabende und eine Dialoggruppe. Seit einem Jahr schreiben wir uns jetzt sehr oft Liebesbriefe und tauschen sie aus. Wir haben gelernt, dass es keine „schlechten" Gefühle gibt, und auch, dass die Gefühle beachtet werden wollen wie Kinder, sonst machen sie sich unangenehm bemerkbar. Früher haben unangenehme Gefühle wie Wut, Angst, Ärger, Enttäuschung beim Partner unwillkürlich Schuldgefühle, Aggression oder ein Gefühl von Minderwertigkeit ausgelöst und den Partner oft überfordert. Daher wurden solche Gefühle aus Angst vor der Reaktion des anderen oft nicht mitgeteilt. Heute wissen wir, dass zunächst erst einmal jeder selbst für seine Gefühle verantwortlich ist und wir erleben es als Erleichterung, uns auch das Schwere und Spannungsreiche mitteilen zu können, ohne dass der Partner sofort meint, er sei schuld und müsse möglichst schnell eine Lösung oder Wiedergutmachung präsentieren. Dadurch ist in unserer Ehe die Offenheit voreinander und Vertrautheit gewachsen, aber auch die innere Freiheit und Selbstständigkeit des Einzelnen.

Der dreifaltige Gott ist ein Gott, der selbst in Beziehung lebt und der liebt. Als ein solches Abbild hat er uns geschaffen. Unsere Ehe soll und darf einen kleinen Lichtstrahl von Gott in diese Welt bringen. Wir sind auf dem Weg. Wir wollen immer aufrichtiger werden vor uns selbst, voreinander und vor Gott.

Diesem Gott begegnen wir auch besonders immer wieder bei Exerzitien für die ganze Familie in Heiligenbrunn. Dort ist abseits vom Alltag immer wieder Zeit, uns tiefer auf uns und Gott einzulassen, um so mit Gott als Dritten in unserem Bund in unserer Ehe und Beziehung zu Gott weiter zu wachsen

Sonja & Johannes Golla

Unser behindertes Kind annehmen

Ich hatte über diese Frage bis vor etwa fünf Jahren überhaupt noch nicht nachgedacht. Sarah war damals etwa 18 Monate alt und es war offensichtlich, dass sie sowohl geistig als auch körperlich behindert ist. Ich hatte bis dahin mit Interesse die Wirkung beobachtet, die sie bei mir, bei meiner Frau Angela, bei ihren Geschwistern, in der ganzen Familie und darüber hinaus hatte; die Belastungen bei Angela gesehen, den großen Aufwand für die Betreuung und Förderung und die seelische Anspannung gespürt. Ich hatte die Veränderungen bei unserem Sohn Ingo (damals elf Jahre alt) gesehen, der sich sehr um Sarah kümmerte und Verantwortung übernahm, ohne dass ihn jemand dazu aufgefordert hätte. Ich hatte bei mir gesehen, wie bedingungslos ich Sarah

lieben konnte, aber warum Gott uns Sarah so und nicht anders gegeben hatte, darüber hatte ich noch nicht nachgedacht.
In einem Seminar in Heiligenbrunn wurde ich 1995 mit dieser Frage, die mich bis dahin überhaupt nicht beschäftigt hatte, ja, die ich mir noch nicht einmal gestellt hatte, konfrontiert: Warum hat Gott uns eine behinderte Tochter geliehen? Das Wort geliehen benutze ich sehr bewusst. Gott schenkt uns keine Kinder, sie gehören uns nicht.
Diese Frage möchte ich, so wie sie formuliert ist, nicht beantworten. Ich kann nicht sagen, warum Gott *uns* ein behindertes Kind geliehen hat. Ich kann nur etwas dazu sagen, warum Gott *mir* ein behindertes Kind geliehen hat. Für jeden in unserer Familie hat Sarah etwas anderes, Individuelles zu bieten.

Warum hat Gott mir eine behinderte Tochter geschenkt?
Wenn ich an meinen bisherigen Lebensweg denke, so gehe ich davon aus, dass ich bis etwa zum 10. Lebensjahr ganz glücklich und zufrieden war. Danach, in der Realschulzeit, Pubertät und meiner ersten Liebesbeziehung ging es mir schlecht. Die Gründe dafür sind mir heute weitgehend bewusst (SADE hat einen großen Teil dazu beigetragen). Ich möchte sie hier aus Platzgründen nicht aufführen, der folgende Verlauf meines Lebensweges wird auch ohne diese Erklärung verständlich (hoffe ich). Abgesehen von meiner ersten, unglücklichen Liebe, begann meine Situation mit dem Beginn meiner Berufsausbildung (Elektriker) besser zu werden: Ich hatte Erfolge. Nach der Facharbeiterprüfung konnte ich 1973 an der Fachhochschule in Giessen Elektrotechnik studieren, in Hessen ging das damals noch ohne Abitur. Das Studium war Freude pur; in dieser Zeit habe ich auch Angela kennengelernt. Ich hatte noch mehr Erfolg, Träume erfüllten sich. Trotz einer relativ schwierigen Arbeitsmarktsituation bekam ich 1976 bei Siemens in Karlsruhe einen Traumjob im Bereich Computerentwicklung und Kundenschulung.
Ich hatte mein Leben voll im Griff: genug Geld, tolle Frau, Superjob. Dass ich in dieser Zeit mit meiner Gesundheit einige Probleme hatte (Herz-Kreislauf), habe ich als lästige Begleiterscheinung mit viel sport-

licher Aktivität bekämpft. Die wahren Ursachen habe ich damals vielleicht geahnt: der Gedanke, dass ich nicht alles aus mir selbst heraus bewerkstelligen könnte, war mir aber so zuwider und fremd, dass ich eine Änderung meines Lebens und meiner Beziehung zu Gott als nicht notwendig erachtete. Schließlich fühlte ich mich als guter katholischer Christ mit mehr als hinlänglichem Glauben ausgestattet (Ministrant – Lektor – PGR – Kommunionhelfer). Um es mit dem Bild des Lebenskreises auszudrücken: Gott war in meinem Leben, in der Mitte, auf dem Thron saß aber ich.

1983 wurde unser Sohn Ingo geboren. Er hat ein missgebildetes rechtes Ohr. Ich erinnere mich noch sehr gut daran, welche Schwierigkeiten ich damals damit hatte, dass er nicht „perfekt" war; so perfekt wie *ich* mein Leben im Griff hatte. Ich sehe das heute noch, wenn ich unsere Bilder und Dias anschaue: Bilder von Ingo (wir haben hunderte) zeigen fast nie sein missgebildetes Ohr. Auch später hatte ich mit Ingo meine Probleme, ihn mit seinen Fähigkeiten (Freundlichkeit, Hilfsbereitschaft, Fürsorglichkeit, handwerkliches Geschick) anzunehmen und nicht alles unter dem Aspekt des „Götzen Intelligenz" zu sehen. Ingo besucht heute eine Wirtschaftsschule und wird nach der mittleren Reife auf die Fachoberschule wechseln.

Ich meinte, die Missbildung von Ingos Ohr sei *mein* Versagen und schämte mich dafür. Heute ist mir klar, auf welch schwachen Füßen mein Selbstbewusstsein, um das mich viele beneideten, stand.

1989 wurde David geboren. Im November 1993 kam Sarah zur Welt. Sie hat schon die ersten Tage um ihr Leben kämpfen müssen. Ihr Grundproblem war und ist der zu kleine Kopf (Mikrocephalie), begleitet von großen Atemschwierigkeiten und einem Loch zwischen den beiden Herzkammern. Die Atemprobleme haben sich inzwischen fast gelegt und das Loch im Herzen ist auf wundersame Weise zugewachsen, Dank sei Gott. Wegen der unzureichenden Entwicklung des Gehirns ist Sarah sowohl geistig als auch körperlich stark behindert. Sie kann nicht laufen, nicht sprechen, sie muss gefüttert und rundum gepflegt werden.

Von Anfang an hatte ich mit Sarah keine Probleme. Ich konnte sie so annehmen wie sie ist. Ich freue mich jeden Tag an ihr und danke Gott, dass er sie uns anvertraut hat. Durch sie habe ich erfahren, dass ein Mensch liebenswert ist, einfach weil er ein Mensch ist. Sarah wird mich nie mit körperlichen oder geistigen Leistungen gewinnen können, sie hat mich durch ihr Sein gewonnen. Ich liebe sie nicht wegen ihrer Fähigkeiten, sondern wegen ihrer selbst. Durch sie habe ich meine bis dahin unterentwickelte oder zumindest zurückgedrängte Emotionalität neu entdeckt (das Buch „Der wilde Mann" von Richard Rohr hat mir bei der Erklärung dieses Erlebnisses sehr geholfen). Ich genieße es mehr und mehr, diese neue Liebesfähigkeit auf andere Menschen, meine beiden Söhne, meine Frau, Geschwister, Eltern, Freunde zu erweitern. Sie nicht wegen guter Noten, gelungenem Kuchen, großartigen Erfolgen usw. zu lieben, sondern wegen ihrer selbst.

Neben den vielen positiven Veränderungen in der Familie hat sich durch Sarah etwas Wunderbares entwickelt: Mit ihrer Hilfe können wir über unseren Glauben Zeugnis geben. Wir können sie segnen, für sie beten und beten lassen, wir können berichten über unsere alltäglichen Probleme mit ihr und der Hilfe Gottes dabei, wir können über die Wunder erzählen, die Gott schon an ihr getan hat und für die wir seine Zeugen sind. Viele Menschen kommen wegen Sarah auf uns zu und fragen uns, wie wir mit ihr umgehen, sie bieten ihre Hilfe an, die wir dankbar annehmen, und hören uns zu.

Gott hat uns Sarah gegeben, damit wir Zeugen sind für seine Frohe Botschaft. Ich weiß, dass „unsere Gedanken nicht Gottes Gedanken sind" und meine Überzeugung nicht ohne jeden Zweifel ist, aber ich denke, dass es für mich und für uns im Moment eine Botschaft Gottes ist, es so zu sehen.

Roland Fischer

So verschieden und doch gemeinsam im Dienst
Wir heißen Regina und Karl-Heinz, sind seit 1971 verheiratet und haben 5 Kinder.

Regina
Ich bin in einer katholischen Familie aufgewachsen und war von klein an daran gewöhnt, sonn- und feiertags mit meinen Eltern zur Kirche zu gehen und zu den Mahlzeiten zu beten. Ich besuchte eine katholische Grundschule. Der Besuch von Gottesdiensten und Andachten war selbstverständlich. Der Kommunionunterricht und die erste hl. Kommunion waren etwas Besonderes für mich. Ich lernte Jesus hierbei schon als meinen persönlichen Freund kennen und konnte ihm alles erzählen. Das hielt auch ein paar Jahre an, aber als ich ungefähr 15/16 Jahre alt war, flachte dies wieder ab – andere Dinge waren interessanter. Die Eucharistiefeier am Sonntag war aber immer noch wichtig für mich. Ich besuchte öfter Veranstaltungen in unserem Jugendheim. Dort lernte ich meinen Mann kennen, und für uns war es nur natürlich, dass wir kirchlich heiraten.
Es ging in unserer Ehe dann ganz normal so weiter: sonntägliche Eucharistiefeier, Gebet bei den Mahlzeiten. 1972 wurde unser erstes Kind, Michael, geboren und getauft. 1974 das zweite auch – wie es der Tradition entsprach. Im Alter von 5 Jahren wurde Michael plötzlich schwer krank, es bestand Verdacht auf Leukämie. In dieser Angst, ihn zu verlieren, betete ich plötzlich viel mehr und intensiver. Es waren bange Wochen, aber – Gott sei Dank – hat sich der Verdacht nicht bestätigt. Mir wurde aber bewusst, dass mit meinem Glauben irgend etwas nicht stimmen konnte: flehentliches Gebet in Not, Sonntagsmesse, Tischgebet, sollte das alles sein? Wenn es Gott wirklich gibt, musste es doch noch etwas anderes geben.
1983 entdeckte ich durch einen Hinweis in der Bistumszeitung einen Gebetskreis in der Nachbargemeinde. Hier kamen Frauen zusammen, die gemeinsam sangen, beteten und in der Bibel lasen, und zwar in einer so persönlichen, innigen Weise, wie ich es bisher noch nicht kennengelernt hatte. Auf Anraten dieser Gruppe nahm ich an einem

Glaubensseminar zur Erneuerung des Taufbundes und der Firmgnade teil. Bei dem etwas später folgenden 2. Seminar war ich endlich so überzeugt von der Liebe unseres Gottes und davon, dass er heute noch lebt und wirkt, dass mir nichts anderes übrigblieb, als darauf zu antworten: bei der Eucharistiefeier habe ich mein Tauf- und Firmversprechen erneuert und mich ganz Jesus übergeben. Die tägliche Eucharistiefeier und auch die Beichte wurden mir immer wichtiger, ebenso das Bibellesen, es war mir Kraftquelle und Freude. Nur mein Mann verstand das alles nicht.

Karl-Heinz
Ich ließ meine Frau gerne zu diesen Treffen gehen, denn dadurch hatte ich mehr Zeit für die Dinge, die mir wichtig waren, Sport im Allgemeinen und Fußball im Besonderen. Ich ging auch zur Kirche, war Lektor und Kommunionhelfer, aber zu mehr war ich nicht bereit nach dem Motto: „Glauben ist Privatsache". Aber meine Frau ließ mir keine Ruhe. Um des lieben Friedens willen nahm ich an einem Glaubenskurs teil. Hier in dem Kurs erlebte ich, dass Gott einen immer im Visier hat. In zwei Vorträgen von verschiedenen Rednern hatte ich das Gefühl, sie würden nur zu mir sprechen. Denn all das, was sie sagten, traf genau auf meine Situation zu. Ich war so betroffen, dass ich in der Nacht nicht schlafen konnte, und ging in die Kapelle des Hauses. Hier spürte ich eine tiefe innere Ruhe. Am ersten Geburtstag unseres vierten Kindes kam ich innerlich und äußerlich verändert nach Hause. Von nun an fingen meine Frau und ich an gemeinsam zu beten, nicht nur das Tischgebet, sondern ganz persönlich vor und mit Gott zu sprechen. In dem Glaubenskurs, durch den ich meine Umkehr erleben durfte, wurde ich Mitarbeiter.

Regina
1 – 2 mal im Jahr nahmen mein Mann und ich – aber getrennt wegen der Kinder – weiterhin an Glaubensseminaren teil. Ab 1989 ging das dann nicht mehr, da mein Mann Küster und Hausmeister wurde und dadurch am Wochenende natürlich immer „Dienst" hatte. Dadurch

haben wir aber die Möglichkeit gefunden an geistlichen Familienseminaren teilzunehmen. Hier durften wir gemeinsam mit unseren Kindern echte christliche Gemeinschaft erleben.

Karl-Heinz
Wir wurden als Ehepaar dazu ermutigt, uns Gedanken über unser bisheriges Leben zu machen, unsere Gefühle auszusprechen oder uns Briefe zu schreiben und anschließend darüber zu sprechen. Wir erfuhren, wie wichtig die Kommunikation zwischen uns Eheleuten ist und durften dankbar erleben, dass wir zu jeder Zeit mit unseren Problemen und Freuden, in Gemeinschaft mit den anderen Paaren oder allein zu Gott kommen konnten im Gebet und besonders in den Eucharistiefeiern. Bei einem zweiten Seminar, ein Jahr später haben wir beide vor dem Altar unser Eheversprechen erneuert. Es war viel tiefer und inniger als bei unserer Hochzeit, weil uns die Gegenwart Jesu Christi wirklich und wahrhaftig bewusst war. Der Zuspruch und das Gebet aller Anwesenden waren für uns ein tiefes unvergessliches Erlebnis.

Regina
Da ich meinen Glauben gerne weitergeben wollte, habe ich im Laufe der Zeit gerne den Lektorendienst übernommen und Rosenkranz- und Marienandachten gehalten. Mit Erlaubnis unseres Pfarrers dürfen mein Mann und ich einmal im Monat eucharistische Anbetung in unserer Pfarrkirche halten. Vor vier Jahren wurde ich angesprochen, Menschen im Gefängnis zu besuchen. Mit drei Frauen haben wir jede Woche eine zweistündige Gruppe im Knast, in der wir mit den Gefangenen in der Bibel lesen, beten und singen. Gott hat mir eine tiefe Liebe zu den „Knackis" geschenkt, und ich staune immer wieder, wie Gott auch hier Menschen verändert.
Im letzten Oktober haben wir einen ehemaligen Knacki für einige Zeit in unserer Familie aufgenommen. Da er auch gläubig war, konnten wir mit ihm abends gemeinsam beten. In dieser Situation merkten mein Mann und ich, dass auch das schon wieder länger ausgefallene Morgengebet für uns sehr wichtig wäre. Und wir beschlossen, am nächsten

Tag endlich wieder neu zu beginnen. Mir fiel es dann sehr schwer, eher aufzustehen. Aber die Lesung aus dem betreffenden Morgenlob schlug wie ein Blitz ein: „Die Stunde ist gekommen, sich vom Schlaf zu erheben. Denn jetzt ist das Heil uns näher als zu der Zeit, da wir gläubig wurden." Durch unsere erneute Hinwendung zu Gott, können wir seine Liebe und Führung wieder ganz deutlich spüren. Ich kann bezeugen, dass Er uns durchträgt in aller Freude, in Not und Schwierigkeiten, und ich bin Gott dankbar für seine Gnade und möchte ihm die Ehre dafür geben!

Karl-Heinz
Obwohl wir Gottes Wirken so oft hautnah erfahren durften, haben wir immer wieder dürre Zeiten erlebt. Mit der Kommunikation in der Ehe klappt es nicht immer. Zeitweise schlief auch das gemeinsame Gebet durch Bequemlichkeit ein, und wir mussten oft einen Neuanfang wagen.
Aber wenn auch wir untreu sind, so ist Gott doch treu. Und wir sind dankbar dafür, dass wir sein Wirken an uns erfahren dürfen. Heute darf ich auf 29 gemeinsame Jahre mit meiner Frau zurückblicken. Ich bin dankbar für jeden Tag, den Gott uns bisher geschenkt hat, und ich freue mich auf jeden Tag, den er in Zukunft gemeinsam mit uns geht.

Wir können alle Ehepaare nur ermutigen, auch an Ehe- und Familienseminaren teilzunehmen und ihr Eheversprechen zu erneuern.
Regina & Karl-Heinz Schweißinger

Brautpaare individuell begleiten

Wir sind seit 21 Jahren verheiratet und haben fünf Kinder im Alter von 10 bis 20 Jahren. Krisztina ist Lehrerin in einem Gymnasium und arbeitet – nach 11 Jahren Kinderpause – seit sechs Jahren wieder. László ist Arzt und ständiger Diakon und arbeitet als Unfallchirurg beim Ungarischen Landesrettungsdienst. Er war sechs Jahre lang Sprecher der Katholischen Charismatischen Erneuerung in Ungarn.

Im Jahre 1993 wurde László zum Diakon geweiht. Es war für uns wichtig, etwas zusammen als Diakon-Ehepaar zu machen. Wir dachten, als Mutter und Vater, als Arzt und als Diakon können wir einen „full service" in der Ehevorbereitung anbieten.

Seit April 1993 haben wir unsere Form der Ehevorbereitung entwickelt. Unser Ziel war, möglichst eine gute Kombination von Theologie und Praktikum zusammenzustellen, so dass es nicht nur für Gläubige und entschiedene Christen, sondern auch für diejenigen annehmbar und hilfreich ist, die am Rand der Kirche stehen. Um die eheliche Kommunikation vorzubereiten und zu begründen, empfahlen wir jedem Paar, wöchentlich einen Abend zusammen zu verbringen und dieses auch nach der Hochzeit weiter zu praktizieren. Es reicht nicht aus, diese Möglichkeit vorzuschlagen. Es braucht eine lange Zeit, Kommunikation zu lernen und Gefühle auszusprechen. Als Hilfe zum Training haben wir verschiedene Themen ausgearbeitet. So ist ein Ehevorbereitungskurs entstanden, der über 100 Seiten mit 32 Kapiteln umfasst.

Die Themen sind:
- Einleitung mit Literaturangaben.
- Meine Herkunftsfamilie: Wie gehe ich mit meinen Prägungen um?
- Wie kommunizieren wir: Eine Methode, wie man ein Gespräch anfangen kann.
- Über die Natürliche Familienplanung: Kirchliche Dokumente und Empfehlungen.
- Ein Test über die Werte, die wir für wichtig halten.
- Ein Brettspiel, in dem jeder seine Vorstellungen über die Ehe formulieren kann.
- Glaube, Gebet, geistliches Leben in der Familie.
- Checklisten über die Aufgaben, die man vor der Eheschließung erledigen muss. Hier wird auch über die Vorbereitung auf den Empfang des Ehesakramentes und der Beichte gesprochen.

- Wie weit kennt ihr euch gegenseitig? (Test)
- Wie weit kennt ihr euch selbst? (Test)
- Eine Bibelerklärung über Gen 1.
- Kommunikationsübungen.
- Sexualität in der Ehe; getrennte Kapitel für Frau und Mann.
- Kritik: Wie und warum kritisiere ich? Wie kann ich mit Kritik umgehen?
- Problemsituationen in der ehelichen Kommunikation.
- Seid ihr wirklich glücklich? Hilfen zum Nachdenken.
- Über die Wichtigkeit der gegenseitigen Anerkennung.
- Sexualität in der Bibel.
- Umgehen mit Geld und Finanzen.
- Humor als Grund und Baustein einer glücklichen Ehe.
- Test über die Rollen von Frau und Mann.
- Romantik in der Ehe; Familien-Liturgie und -Riten; Feste gestalten.
- Intimität in der Ehe.
- Liturgie der Eheschließung.
- Zeitmangel und Planung in der Familie.
- Krisensituationen.
- Zusammen beten und die Bibel lesen.
- Sexualität: Was ist erlaubt und nicht erlaubt in einer Ehe?
- Eheabend gestalten.
- Unsere Ziele.
- Anhang.
  Texte für Segnung und Familiengebete.
  Wie erwarten wir unser Baby?
  Wie sollen wir Paten aussuchen?
  Was kann man in einer Ehe festlich gestalten?
  Spiele in der Ehe.
  Ein Test als Ehe-TÜV.

Von diesen Kapiteln überreichen wir nach jedem Gespräch zwei bis vier dem Paar, damit sie diese zu Hause zu zweit bearbeiten. Die Vorbereitung dauert etwa fünf bis acht Monate. Wir treffen uns meistens zu viert, als Ehepaar mit dem Brautpaar (alle drei bis sechs Wochen), und besprechen dann die Themen, die sie bearbeitet haben. Diese Treffen finden in unserer Wohnung statt, wo die gemütliche Atmosphäre mit angezündeten Kerzen und einer Tasse Tee für eine gelockerte Stimmung sorgt. Da helfen auch unsere Kinder mit, welche die Paare immer sehr freundlich empfangen und Tee mit Keksen anbieten.

Wir bieten den Paaren auch die Möglichkeit, unter vier Augen zu sprechen: Frau zu Frau, Mann zu Mann. Wenn der Wunsch da ist, beten wir auch gerne mit ihnen um Heilung alter Wunden oder für die Zukunft.

Auf diese Weise haben wir bisher über 150 Paare vorbereitet und meist auch getraut. Diese Paare sind sehr unterschiedlich. Einige kommen von frommen Familien und sind teilweise Mitglieder einer geistlichen Gemeinschaft oder engagiert in der Pfarrei. Andere kommen seit ihrer Erstkommunion oder Firmung zum ersten Mal nach zehn Jahren Pause in die Kirche. Es sind welche, die überhaupt nicht getauft sind. Allerdings halten alle ihre Ehe für so wichtig, dass sie diese halbjährige Vorbereitung mitzumachen bereit sind. Als Ergebnis dieser Methode dürfen wir feststellen, dass in den zehn Jahren von diesen ca. 150 Paaren nur vier geschieden sind bzw. getrennt leben, was weit unter der fast fünfzigprozentigen ungarischen Scheidungsrate liegt.

Als wir mit der obigen Vorbereitungsmethode anfingen, haben wir uns vorgenommen, die Paare irgendwie zu begleiten und auch in den Schwierigkeiten dabei zu sein. Dazu war eine große Hilfe, dass in dem halben Jahr, in dem sie zu uns kamen, ein enger Kontakt, ja Freundschaft entstand. So kommen sie leichter zurecht, wenn Probleme auftauchen.

Wir haben in den Jahren noch weitere Kontaktmöglichkeiten ausgearbeitet, wodurch wir ihnen ein bisschen nachgehen können:
– Sie bekommen zu jedem Hochzeitstag einen kleinen Brief von uns: ein Gebet, die Hochzeitssegnung oder Ähnliches mit persönlichen Zeilen.
– Wir organisieren seit sechs Jahren jedes Jahr ein Faschingsfest. Es

kommen immer 100–130 Personen zusammen. Da hier nur Paare sind und niemand zur Partnersuche kommt, hat diese Veranstaltung eine sehr gute Atmosphäre. Einige fahren jedes Jahr 200 – 250 km hin und zurück, nur um daran teilzunehmen.

- Seit 4 Jahren bieten wir im Herbst ein Picknick für die Familien an. Da wird auf einer mit Spielplatz ausgerüsteten Wiese zusammen gespielt, im großen Topf gekocht und gegessen. Dieses Angebot sowie auch das Faschingsfest sind sehr gut geeignet, Kontakte zu herzustellen. Viele Paare und Familien haben sich hier kennengelernt und treffen sich dann regelmäßig. Einige haben Familienkreise gebildet.
- Wir laden alle Paare jedes Jahr am Familiensonntag zur Familiensegnung in unsere Kirche ein.
- Es wird zweimal jährlich ein Kurs (5 Samstagvormittage) über NFP (Natürliche Familienplanung) angeboten. Er wird von einem sehr engagierten jungen Ehepaar (mit 3 Kindern) geleitet.
- Wir stellen zweimal im Jahr eine kleine Zeitung zusammen, in der jeder berichten kann oder auch Theateraufführungen, Kinofilme oder gute Gaststätten empfehlen darf.
- Seit drei Jahren haben wir auch eine Homepage, auf der aktuelle Informationen, Bilder von den Veranstaltungen und verschiedene Materialien, wie Eheabend-Hilfen, abrufbar sind. Dazu gehört noch eine Email-Liste, wo sich alle Paare über wichtige und weniger wichtige Sachen austauschen können.
- Eine sogenannte Elternschule haben wir im Herbst 2000 angefangen. Diese organisieren wir zusammen mit unserer Pfarrei, monatlich einmal am Freitagabend. Nach einem Vortrag folgt der Austausch mit den Teilnehmern.
- Dazu kommen nicht regelmäßige Programme, wie Theaterbesuch, Vorträge usw.
- Wir bieten viertägige Exerzitien zweimal jährlich an. Für das Programm wird ein verlängertes Wochenende ausgewählt; dabei wird auch für die Kinder altersentsprechende Beschäftigung angeboten. Am Abend sitzen die Kinderbetreuer vor den Zimmern und passen auf, dass die Kleinen schlafen. Bei den Mahlzeiten und in der Mit-

tagspause ist die Familie zusammen. Am ersten Abend fangen wir mit einer Vorstellungsrunde und mit einer Einführung an. An den beiden folgenden Tagen gibt es morgens und nach der Mittagspause einen geistigen Impuls: und dann Einzelbesinnung, Paargespräch und Kleingruppenarbeit. An einem Abend haben wir meistens eine Gesprächsrunde, am nächsten eine Messe mit Anbetung. In der Zeit der Anbetung bieten wir die Möglichkeit zur Erneuerung des Eheversprechens an. 1998 haben wir einmal im Jahr mit 22 Paaren angefangen, seit 2000 müssen wir zwei Wochenenden pro Jahr anbieten: es kommen jährlich insgesamt 60–80 Paare mit Kindern.

Hier stellt sich die Frage: Wie schaffen wir dies neben Familie, fünf Kindern und Berufen? Wir haben die Aussage von Jesus wahrgenommen: „Ihr sollt nicht die Arbeit, sondern die Arbeiter vermehren". Dieser Satz steht nicht in der Bibel, aber er könnte so lauten. So haben wir unsere Arbeit immer mit anderen, von uns früher vorbereiteten Paaren zusammen gemacht.

Wir haben „Familien mit Christus" im Osterkurs 1998 kennengelernt und es als Gottes Führung wahrgenommen, dass Gott mit uns etwas sehr Ähnliches in Ungarn angefangen hat. Nach viel Gebet, Überlegung und Besprechung mit unseren Kindern haben wir uns entschlossen, um eine Aufnahme in die Gemeinschaft zu bitten. So durften wir das erste Versprechen in der Gemeinschaftswoche 2000 ablegen.

Inzwischen haben wir mit einer Gemeinschaft „Familien mit Christus" in Ungarn angefangen. Zehn Paare haben bisher ein Versprechen abgelegt. Seit September 1999 treffen wir uns mit 25 Paaren monatlich an einem Samstagnachmittag. Wir besprechen verschiedene Eheprobleme sowie kirchliche Dokumente über Ehe und Familie. Parallel gibt es ein Kinderprogramm. Seit zwei Jahren arbeiten diese Paare auch an der Ehevorbereitung mit. Wir treffen uns mit den Brautpaaren, um gemeinsame Zeit zu gewinnen; für die Brautpaare ist es auch gut, andere Gesichtspunkte von einem jüngeren Ehepaar zu erfahren.

Mit einigen Ehepaaren von der Gemeinschaft treffen wir uns zusätzlich zweimal monatlich zu einem Bibelkreis und zur Anbetung. Für diese Paare organisieren wir noch eigene Exerzitien (ohne Kinder).

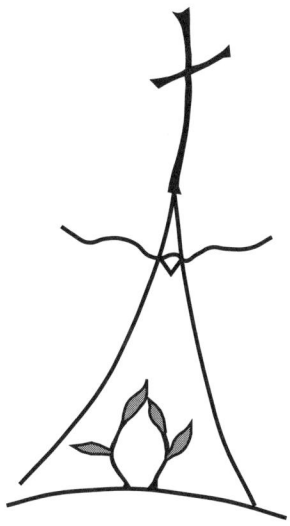

Als Zeichen für unsere Gemeinschaft „Familien mit Christus" in Ungarn haben wir folgendes Symbol gewählt:
Dieses Zeichen stellt eine Kirche – von zwei betenden Händen – dar. In dieser Kirche als gutem Nährboden wachsen zwei Zweige, Mann und Frau, zusammen und werden starke Bäume. Das Kreuz symbolisiert die Kirchenzugehörigkeit unserer Gemeinschaft; die Taube ist der Heilige Geist, der unsere Ehen stärkt und lebendig macht; er gibt Kraft zur Evangelisation in den Ehen. Unsere Geschichte zeigt, dass wir ganz einfach etwas zusammen als Ehepaar in „Gottes Acker" machen. Er hat unsere Arbeit wahrgenommen und uns nicht nur wunderbare Erfolge und Ideen gegeben, sondern uns auch eine lebendige Gemeinschaft geschenkt. Ihm sei Dank!

Krisztina & Dr. László Gorove

Ein Paar wächst gemeinsam

Eva

Als wir 1977 heirateten, wollte ich nur eine standesamtliche Trauung. Eine kirchliche Hochzeit wäre für mich, die mit 17 Jahren der katholischen Kirche den Rücken gekehrt hatte, unehrlich gewesen. Auf Bitten meines Mannes ließen wir uns dann doch kirchlich trauen. Im Februar des folgenden Jahres bekamen wir unser erstes Kind, unser Sohn Sebastian wurde geboren. Ich war damals 28 Jahre alt, hatte meinen Beruf und damit auch einen Teil meiner Selbstständigkeit aufgegeben, um ganz Mutter sein zu können.

Die Ansprüche von Menschen unserer näheren Umgebung an uns als Ehepaar gaben uns kaum die Möglichkeit, uns als Partner und Familie zu finden. Der Alltag kam sehr schnell, und wir bekamen gar nicht mit, dass wenig vorhanden war, was unsere Ehe wirklich ausmachte und trug. 1984 bekamen wir endlich unser zweites Kind, unsere Tochter Anna wurde geboren. Wir waren glückliche Eltern, aber wir als Ehepaar entfernten uns immer mehr voneinander, ohne es zu merken. Eine tiefe Traurigkeit nahm Besitz von mir, und ich war auf der Suche danach, wie mein Leben einen erfüllenden Sinn bekommen konnte.

1987 war das Jahr der Erstkommunion unseres Sohnes. Da wir in den Jahren zuvor kein kirchliches Leben geführt hatten, war es uns unmöglich, unseren Sohn auf diesem Weg zu begleiten. Wir konnten nicht begleiten, ohne selbst das Sakrament mit Leben zu füllen. Eine Unsicherheit, aber auch ein Suchen, verbunden mit der Sehnsucht nach Gott, brach in meinem Herzen auf. In dem Jahr nahmen mein Mann und ich an einem Eheseminar teil. Im Rahmen einer Eucharistiefeier wurde die Gelegenheit angeboten, das Eheversprechen zu erneuern.

Wir waren uns einig, dass wir ein bewusstes „Ja" zueinander und vor Gott aussprechen mussten, um einen neuen Anfang zu schaffen. Nach nunmehr 10 Jahren Ehe konnte ich diesen Schritt bewusst tun. Wir hatten den Glauben und die Hoffnung, wenn wir Gott als den Dritten mit in unsere Ehe nehmen, sind wir nicht mehr allein, sondern er ist mit uns in unserer gemeinschaftlichen Beziehung. Dadurch wurde uns ein stabiles Fundament geschenkt, nämlich der Glaube daran, dass Gott immer mit uns ist und unsere Ehe gewollt hat.

Dieter
Rückblickend auf nun 23 Ehejahre kann ich nur in Dankbarkeit berichten.

Als wir damals heirateten, wusste ich über Ehe und Beziehung nur das, was in meinem Umfeld gelebt wurde. Eigene Gedanken hatte ich mir nie gemacht, eine klare Vorstellung hatte ich nicht. Ich brachte nur die beste und ehrlichste Absicht mit, alles „richtig" zu machen. In der Angst, was die Leute über mich denken oder reden könnten, war ich unfähig, Gefühle zu zeigen oder darüber zu sprechen. Eingebunden in meinen beruflichen Alltag, bekam ich nicht mit, dass in unserer Ehe wenig Beziehung gelebt wurde.

Nach 10 Jahren Ehe nahmen wir an einem Eheseminar teil, weil wir gespürt hatten, dass wir etwas an unserer Beziehung tun mussten. Während dieser Seminarzeit wurde mir bewusst, wie wichtig das Gespräch und der Austausch von Gefühlen in der Ehe ist. Durch diesen persönlichen Schritt der Erneuerung unseres Eheversprechens und das Bewusstsein, Gott in unsere Ehe mit einbezogen zu haben, bekam ich ein neues Selbstwertgefühl und eine Sicherheit, dass auch Gott mich liebt und mich annimmt, so wie ich bin. Sein Wort: „Ich habe dich beim Namen gerufen, du gehörst mir", wurde für mich zu einer persönlichen Zusage. Dieses Wort begleitet mich. Es war auch nach der Erneuerung des Eheversprechens nicht alles neu und einfach für uns. Aber unser Umgang miteinander hat sich verändert, er ist wohlwollender geworden, weniger verletzend. Wir wissen, dass wir immer wieder einen neuen Anfang wagen können. Unsere Beziehung ist geprägt von einem großen Vertrauen zueinander.

Als unser Sohn mit 20 Jahren an einer lebensbedrohlichen Thrombose erkrankte, kamen wir als Eltern an unsere Grenzen der Hilflosigkeit. In diesen schweren Wochen haben wir erlebt, was es heißt, eine Partnerschaft mit Einbezug Gottes zu führen. Wir konnten gemeinsam nach dem Besuch auf der Intensivstation uns in einer Kirche vor das Allerheiligste setzen und beten und weinen. Wir wussten, dass wir in unseren Ängsten und unserem Schmerz von Gott getragen wurden. Er war der Dritte. Vor einigen Jahren haben wir Gott unseren gemeinsamen Dienst für und in seiner Kirche angeboten.

Eva
Sich von Gott als Ehepaar in den Dienst nehmen zu lassen, wurde für uns zu einer tiefen Sinngebung. Wir hatten erstmalig etwas in unserer Ehe, was uns begeisterte und zugleich Freude schenkte. Das, was wir mit Gott erlebt hatten, wollten und konnten wir nicht für uns behalten. Durch Glaubenskurse, die wir in unserer Gemeinde durchführen durf-

ten, hat sich seit 9 Jahren ein fester Bibelkreis gebildet, der sich zweimal im Monat trifft.

Mir persönlich schenkte Gott die Gabe des Zuhörens und eine Sehnsucht, Menschen in schwierigen Lebenssituationen zu begleiten, sie anzunehmen, einfach für sie ganz Ohr zu sein. So machte ich eine Ausbildung bei der Telefonseelsorge. Dieser Dienst erfüllt mich und belebt mein Leben. Dieser Dienst ist auch eine Bereicherung für mein Glaubensleben, denn er hat mir den Menschen näher gebracht. Ich glaube, dass ich toleranter und offener für menschliche Schwächen und Unzulänglichkeiten geworden bin. Mit diesem Zeugnis möchte ich Gott danke sagen, danke für mein Leben.

Dieter
Vielleicht durch das tiefe Vertrauen zu Gott war ich neugierig geworden auf das, was unseren christlichen Glauben ausmacht. Ich besuchte Seminare mit theologischem Inhalt und habe dann den Grundkurs von „Theologie im Fernkurs" belegt und abgeschlossen. Die Arbeit mit der Bibel, mit der Exegese, hat mich bereichert und meine persönliche Beziehung zu Gott vertieft.

Ich glaube fest daran, dass ich durch die Veränderung in unserer Beziehung und durch die Freude, die ich auch durch unser gemeinsames Tun an Gott empfunden habe, befreit worden bin von meinen Ängsten, von den Mitmenschen abgelehnt, nicht angenommen zu werden. Erst diese Überzeugung hat mich befähigt, auf Menschen zuzugehen. Unser bisheriger gemeinsamer Lebensweg war und ist unser Weg zueinander und zu Gott. Jetzt, in der Rückschau, hatte alles Leid, alles Schwere, alles nicht Verstandene seinen tiefen Sinn, denn es hat unsere Beziehung zueinander und zu Gott reifen lassen. Diese Sicht macht uns auch den Weg frei, versöhnlicher mit uns, unserem Partner und unserem Leben umzugehen.

Eva & Dieter Meilwes

Als Christ in der Politik

In einem kleinen Städtchen im süddeutschen Raum war ich 24 Jahre Bürgermeister. Im Alter von 29 Jahren wurde ich in dieses Amt gewählt. Nach drei Amtszeiten habe ich mich nicht mehr um ein neues Mandat beworben. Vielmehr entschloss ich mich, aus der Kommunalpolitik auszusteigen. Mit 53 Jahren sehe ich die Chance, neue Aufgaben und Herausforderungen anzunehmen. Ich strebe eine Tätigkeit im kirchlichen Bereich an. Voraussichtlich werde ich zum Ständigen Diakon geweiht.

Ein längerer innerer Prozess ging dieser Entscheidung voraus. Meine Ehefrau und meine Familie waren daran beteiligt. Bei aller Freude über meinen interessanten und verantwortungsvollen Beruf, welcher Möglichkeiten eröffnet, gemeinsam mit anderen Menschen eine Kommune zu gestalten und zu entwickeln, spüre ich, dass es für mich und für die politische Gemeinde gut ist, keine vierte Amtszeit anzustreben. Demokratie lebt vom Wechsel. Es ist ein Einschnitt in meinem Leben – eine spannende Zeit. Ich verspreche mir mehr Freiheiten und weniger Fremdbestimmung bei der Gestaltung meines Lebens und wünsche mir mehr Zeit für meine Ehefrau und die vier Kinder.

„Geht zu allen Völkern und macht alle Menschen zu meinen Jüngern!" (Mt 28,19). Diese Aufforderung gilt für jeden, der getauft und gefirmt ist, und sie gilt an allen Orten, an denen Christen leben. Dazu gehört der Mut zum eigenen, unverwechselbaren Profil. Meine Verkündigung wird die Menschen aber nur dann erreichen, wenn mein Bemühen sichtbar wird, dass ich dem Wort des Evangeliums in meinem eigenen Leben zu entsprechen versuche: das gelebte, lebendige Zeugnis.

Als Bürgermeister hatte ich keinen Hehl aus meiner christlichen Überzeugung gemacht, wohl wissend, dass ich als Person des öffentlichen Lebens kritisch daran gemessen werde. „Politiker sind auch nur Menschen und Politiker können nur so gut sein, wie es die Gesellschaft insgesamt ist." Mit dieser weit verbreiteten Auffassung konnte ich mich nie identifizieren. Wer Verantwortung trägt und das öffentliche Leben mitgestaltet, hat Vorbildfunktion. So hatte ich mein Amt immer verstanden und versucht, es so auszufüllen. An einigen Beispielen werde ich das aufzeigen:

Seit über zwanzig Jahren beginne ich das Neue Jahr mit „Exerzitien für Bürgermeister und politisch Tätige" im Kloster Beuron im Donautal. War ich anfangs noch der Einzige aus unserer Gegend, geht inzwischen ein fester Stamm von sieben bis acht Kollegen aus unserem Landkreis mit mir. Das gemeinsame Beten, Singen und Hören auf Gottes Wort hat nicht nur unsere Beziehung untereinander vertieft, sondern auch der beruflichen Zusammenarbeit eine neue Qualität gegeben. Den „Schwung" der Exerzitien nahm ich mit in den Alltag. Bereits beim Neujahrsempfang oder beim am Jahresbeginn stattfindenden Seniorennachmittag erzählte ich, woher ich komme und wünschte allen denselben inneren Frieden, den ich aus dem Kloster mitgebracht habe.

Bei der Auswahl meiner Mitarbeiterinnen und Mitarbeiter bezog ich auch deren christliche Grundüberzeugung ein. Das ausgesprochen harmonische Betriebsklima führe ich auch darauf zurück, dass meine leitenden Mitarbeiter bekennende Christen sind.

Eine halbtags arbeitende Mitarbeiterin bat mich um unbezahlten Urlaub, weil sie ihre todkrank aus dem Krankenhaus entlassene Mutter zu Hause bis zu deren Tod pflegen wollte. Im Kollegenkreis einigten wir uns, ihr diesen Wunsch nicht abzuschlagen und ihre Arbeit unter uns aufzuteilen. So konnten wir ihr diesen wichtigen Dienst ermöglichen. Die Mutter starb nach sechs Wochen.

Über viele Jahre hindurch haben meine jungen Mitbürgerinnen und Mitbürger vor mir als Standesbeamter ihre Ehen geschlossen. Ohne aufdringlich zu sein und soweit ich es für angemessen hielt, versuchte ich, meine christliche Sicht von Ehe und Familie zu vermitteln. Diese verbietet es mir aus Gewissensgründen, an der Verbindung gleichgeschlechtlicher Paare mitzuwirken.

Anfang der 90er-Jahre war es ausgesprochen schwierig, Asylbewerber und Übersiedler wegen der Knappheit an Wohnraum menschenwürdig unterzubringen. Ich hatte mich persönlich um Wohnraum gekümmert und privat mit meinem Fahrzeug beim Umzug geholfen. Noch heute erinnert sich eine Familie dankbar daran und hält nun seit über zehn Jahren einen losen Kontakt zu mir. Asylbewerber führte ich beispielsweise in einem Spaziergang durch die Gemeinde, um ihnen die Einkaufsmöglichkeiten zu zeigen.

Ein besonderes Anliegen war es mir, bei Sterbefällen den Hinterbliebenen zu helfen. Gerade Witwen stehen dem anfallenden Schriftverkehr und den notwendigen Behördenkontakten oft hilflos gegenüber. Hier zu helfen macht mir Freude. Ich werde dies als Diakon zu einem Schwerpunkt meiner Arbeit machen.

Ein völlig einsam lebender staatenloser Mitbürger, welcher jeden Kontakt zu den Menschen scheute, ist im Alter krank und hilflos geworden. Ich konnte allmählich ein Vertrauensverhältnis zu ihm aufbauen und ihm ärztliche Hilfe vermitteln. Schließlich bestellte mich das Vormundschaftsgericht zu seinem Betreuer. Ich habe, als es erforderlich wurde, die Unterbringung in einem Pflegeheim organisiert und ihn bis zu seinem Tod betreut.

Traditionell hielt ich am Volkstrauertag die Ansprache zur Kranzniederlegung. Dabei habe ich meine Gedanken zu Versöhnung, Toleranz und Frieden immer mit einem Gebet abgeschlossen.

Bei privat organisierten Hilfsaktionen, z. B. für Moldawien, habe ich die Mithilfe der Verwaltung angeboten und Räumlichkeiten zur Verfügung gestellt.

In der offenen Jugendarbeit versuchte ich permanent, die Toleranzschwelle mancher Erwachsener zu heben und der Jugend auf ihrem Weg in die Selbstständigkeit den Rücken zu stärken.

Ich war um eine gute Zusammenarbeit mit den Kirchen bemüht. In der Pfarrgemeinde engagiere ich mich als Lektor und Kommunionhelfer und hielt auch mitunter beim Tode verdienstvoller Mitbürger oder ehemaliger Mitarbeiter die Sterbegebete selbst. Als ich mich entschieden hatte, mein Bürgermeisteramt aufzugeben, trat ich zwei Jahre vor Ablauf meiner Amtszeit erfolgreich bei den Wahlen zum Pfarrgemeinderat an. Nach der Neuwahl dieses Gremiums besuchten alle sieben männlichen Mitglieder gemeinsam mit dem Pfarrer einen Cursillo-Glaubenskurs. Wir beginnen unsere Pfarrgemeinderatssitzungen grundsätzlich mit dem gemeinsamen Besuch der Eucharistiefeier.

Christsein lässt sich nicht trennen. Christ bin ich im privaten wie im politischen Leben. Jede Trennung wäre unglaubwürdig. Das Bekenntnis zum Christsein muss aber praktische Auswirkungen haben, auch wenn es in unserer pluralistischen Gesellschaft oft schwierig ist, Glauben und Politik zusammen zu bringen. Das Verhältnis von Kirche und Gesellschaft ist dabei zu zerbrechen. Die Kirche verliert zunehmend ihre prägende Kraft bei der Gestaltung unserer Gesellschaft. Leben und Lehre driften immer mehr auseinander. Um so wichtiger ist es, dass Personen in verantwortungsvollen Positionen ihre christliche Überzeugung glaubwürdig leben.

Glaubwürdigkeit ist eine wichtige Messlatte. Mein Reden und Tun müssen miteinander übereinstimmen. Auf mein Wort muss Verlass sein. Die Liebe zur Wahrheit scheint mir die wichtigste Eigenschaft für Politiker zu sein. Wie oft vermissen wir sie. Natürlich ist es im politischen Geschäft oft scheinbar leichter, mit Halbwahrheiten zu argumentieren, von eigenem Versagen abzulenken, Schuld anderen zuzuschieben. Aber das geht nur eine Zeit lang gut. Ich hatte die Erfahrung gemacht, dass die Menschen es schätzen, wenn ich Fehler eingestehe, Schwächen zugebe und anderen einen Erfolg gönne. Scheinbare Schwäche wird zur Größe. Ich habe gelernt, wenn auch mühselig, mich beispielsweise noch während einer Gemeinderatssitzung öffentlich zu entschuldigen, wenn ich einen Sitzungsteilnehmer ungerecht behandelt oder verletzt hatte. Dies hat mir in all den Jahren über alle Parteigrenzen hinweg eine offene und freundschaftliche Atmosphäre im Gremium bewahrt.

Bei der täglichen Arbeit blieb es nicht aus, dass gelegentlich Interessen der Gemeinde mit Privatinteressen kollidieren. Beispielsweise hatten zwei Familien mit allen juristischen Mitteln als Nachbarn den Neubau einer Sporthalle zu verhindern versucht. So hatten sie den Baubeginn um über ein Jahr verzögert. Unter solchen Konflikten litten auch die zwischenmenschlichen Beziehungen. Ich war sehr darum bemüht, die Kläger in der Gemeinde nicht zu isolieren, indem ich um Verständnis dafür warb, dass ihnen die rechtliche Überprüfung unseres Verwaltungshandelns zusteht. Als ich davon Kenntnis erhielt, dass einer der klagenden Nachbarn sich zu einem freiwilligen Hilfseinsatz in Äthiopien gemeldet hatte, suchte ich ihn auf und teilte ihm meine Bewunderung mit.

Immer wieder kam es vor, dass ich in meiner politischen Tätigkeit in die Zwickmühle zwischen Glaube und Politik geriet. Die Gesellschaft hat sich völlig verändert. Die Moralvorstellungen der Kirche waren einmal die Stütze unseres Gemeinwesens. Ihre Ethik gab der Gesellschaft ihre innere Ordnung. Das kann man heute nicht mehr voraussetzen. Beispielsweise in der Frage des Umgangs mit den uns zugewiesenen Asylbewerbern war ich gefordert. Deutlich zu machen, dass auch sie unsere Schwestern und Brüder sind, war nicht immer leicht. Die Bewahrung der Schöpfung in konkreten Beschlüssen durchzusetzen bedurfte oft dann erheblicher Überzeugungsarbeit, wenn sie Geld kosteten. Oder die Rechte von Einzelnen oder Minderheiten zu schützen, wenn die allgemeine Meinung dagegen stand, erforderte Standhaftigkeit. Verständnis konnte man auch nicht automatisch voraussetzen, wenn man bei der Einstellung von Erzieherinnen im Kindergarten auf deren christliche Grundhaltung Wert legte.

Im Mangel an Zeit sah ich das größte Problem meines Berufes. Zeit für meine Ehefrau und Kinder, Zeit auch für mich selber. Kürzlich las ich von einem Kollegen, der inzwischen im Ruhestand ist: „Ich habe meiner Familie gegenüber ein extrem schlechtes Gewissen. Der größte Fehler meines Lebens war, dass ich meinen Bürgermeistergeschäften nachgerannt bin, es jedem recht machen wollte und darüber der Familie nicht gerecht wurde und das Größerwerden meiner Kinder nur am Rande erlebte. Das merkt man meist zu spät." Die Gemeinde hat einen Anspruch darauf, dass ihr Bürgermeister sie nach außen angemessen vertritt. Die Vereine und Gruppierungen erwarten zu Recht, dass ihre Arbeit gewürdigt wird, auch durch die Präsenz des Bürgermeisters bei Versammlungen und Festen. Aber Ehefrau und Kinder haben einen gleichwertigen Anspruch. Diesen Spagat zwischen Familie und öffentlichem Amt zu bewältigen ist nicht leicht.

Mein Wachsen im Glauben hat mich sensibler werden lassen. Ich habe gelernt, die Bedeutung von Ehe und Familie zunehmend ernster zu nehmen. Mit dem Größerwerden der Familie bin ich kritischer mit meinen vielen gesellschaftlichen Verpflichtungen umgegangen. Ich lernte, Schwerpunkte zu setzen. In der öffentlichen Kandidatenvorstellung vor meiner dritten Wahl hatte ich der Gemeinde deutlich gemacht, dass ich mehr Zeit für meine heranwachsenden Kinder und meine Ehe brauche und dass es für einen Verein keine Katastrophe sei, wenn sich der Bürgermeister gelegentlich vertreten lässt. Die Reaktionen waren bemerkenswert. Besonders von Frauen erhielt ich anerkennende Briefe, während Männer diese Äußerung eher für wahlschädigend hielten.

Mit meiner Ehefrau gab es klare Absprachen. Sie musste nicht bei jedem Termin dabei sein. Sie durfte ihre eigenen Schwerpunkte setzen und ihren Interessen nachgehen. Mit dem regelmäßigen Ehe-Abend hatte es leider nicht immer geklappt, aber wir gönnen uns jährlich ein gemeinsames (verlängertes) Wochenende ohne Kinder. Wir nahmen uns Zeit für das Gespräch und erzogen unsere Kinder gemeinsam. Im täglichen Morgenlob beginnen wir auch heute noch den Tag und schließen in unser Gebet unsere Anliegen und die Menschen ein, die uns nahe sind. Ich bete für meine Mitarbeiter, die Gemeinderäte und die Anliegen der Gemeinde.

Wenn der Begriff „Politik" heute überwiegend negativ besetzt ist, dann deswegen, weil Tugenden wie Glaubwürdigkeit, Standhaftigkeit, Offenheit und Ehrlichkeit selten geworden sind. Zu oft erleben wir Politik als intolerantes Eindreschen auf den politischen Gegner und nicht selten als ein auf den eigenen Vorteil bedachtes Handeln. Worum ging es mir konkret? Mehr zuhören, weniger reden. Die Menschen in ihren Anliegen ernst nehmen. Nicht mit den Wölfen heulen. Mut haben zu Offenheit und Ehrlichkeit, auch wenn die Gunst der Kollegen scheinbar verloren geht. Oft ging das nicht, ohne gegen den Strom zu schwimmen.

Mit einem großen Fest hat mich meine Gemeinde aus dem Amt verabschiedet. In meinem Schlusswort wies ich auf mein Bemühen hin, mein Amt aus meiner christlichen Grundüberzeugung heraus zu führen, wohl wissend, dass ich ein unvollkommener Mensch bin. Ich bat alle Mitbürgerinnen und Mitbürger, welche ich verletzt, nicht ernst genommen oder ungerecht behandelt hatte, um Verzeihung, damit ich jedem wieder unbelastet entgegentreten kann.

Als ich diesen Bericht schrieb, fragte ich einen Freund, woran ich denn einen christlichen Politiker erkenne. „Der christliche Politiker muss sich in seinen Entscheidungen am Evangelium orientieren. Für ihn sollte das Hohe Lied der Liebe (Kor 1,13) der Maßstab seines Handelns sein."

Pirmin Späth

Berufen zum Dienst an Familien

„Ich bin von Gott berufen und vom Bischof bestellt, Familien mit Christus zu leiten: im Geistlichen Zentrum Familien die Berufung zu eröffnen, dass sie aus der Freude und Kraft der Beziehung zu Christus ihr Leben und Kirche gestalten." Dies steht auf einer der ersten Seiten in meinem Sekretar, das einen Kalender sowie Seiten für Gebet, Fantasie, Planung und die Vorbereitung von Begegnungen und Projekten enthält.

Wie kam ich gemeinsam mit meiner Ehefrau zur Formulierung dieses Zieles, das unser Leben seit Jahren bestimmt? Manches Interessante würde man entdecken im normalen Lebenslauf, der mit Zeugnissen, Fortbildungs- und Veröffentlichungsnachweisen und Liste der Ehrenämter in einer Akte ruht. Doch die Spuren Gottes in unserem Leben zu entdecken braucht eine tiefere Sicht der Ereignisse. Es ist etwas sehr Persönliches, wo ich mich, wo wir uns von Gott geliebt erfuhren, als Hoffnungs- und Verheißungsträger. Es geht um unsere Lebenslinie mit Gott, um einen geistlichen Lebenslauf.

Übung: Lebenslinie mit Gott
Oft habe ich in Kursen dazu eingeladen, die eigene Lebensgeschichte mit Farbstiften auf ein großes Blatt oder eine Tapete zu skizzieren. In großer innerer Sammlung entstanden beeindruckende Darstellungen,

wie sich Leben entfaltete und wie Gott durch alle Irrungen und Hoch-Zeiten mitging. Manche nahmen solche Entdeckungen, die durch den Austausch darüber in kleinen Gruppen vertieft und differenziert wurden, zum Anlass, einen geistlichen Lebenslauf zu schreiben, der dann auch angereichert wurde mit kalendarischen Daten. Aus der wiederholten Teilnahme an dieser Übung möchten wir mit dir (dem Leser, der Leserin) teilen, was für uns zur Berufung zu Familien mit Christus entscheidend ist: zum konkreten Einsatz für die Wiederherstellung christlicher Ehen und Familien, sei es in den Dekanaten, in denen die Mitglieder wohnen, sei es im Geistlichen Zentrum der Gemeinschaft für die Kursteilnehmer. Dies soll einerseits Anregung sein, sich selber auf einen solchen Prozess einzulassen, andererseits kann es auch zum Verständnis von „Familien mit Christus" beitragen.

Jugendträume
Wir wurden beide 1951 in Großstadtpfarreien des Ruhrgebietes geboren und gingen beide am Weißen Sonntag 1960 in unseren Heimatpfarrgemeinden in den beiden benachbarten Städten zur Erstkommunion. Wir wuchsen in die kirchliche Jugendverbandsarbeit hinein, wurden Gruppenleiter in unseren Pfarreien und entschieden uns beide für eine hauptamtliche Tätigkeit in Einrichtungen der kirchlichen Jugendarbeit: Angelika wurde Sekretärin in der diözesanen Jugendbildungsstätte mit 120 Betten und ich zuerst Zivildienstleistender beim Katholischen Jugendamt. So lernten wir uns kennen und verliebten uns am 1. Mai 1971. In der Osternacht 1972 verlobten wir uns. Im Anschluss an die Kommunion empfingen wir unsere Verlobungsringe. In der folgenden Woche begann ich das Studium der Sozialwissenschaften und Theologie mit dem Ziel einer Tätigkeit als Laie im kirchlichen Dienst. Zahlreiche Gespräche auf langen Spaziergängen kreisten um unsere Zukunft. Wir träumten davon, ein kirchliches Bildungshaus zu leiten und mit anderen Ehepaaren gemeinschaftlich zu leben. Wir diskutierten tagelang, auch nächtelang mit Gleichgesinnten. Ich fertigte Skizzen von für solche Arbeit und Lebensform geeigneten Häusern

an. Diese waren Frucht vieler Gespräche und dann wieder ihre Grundlage.

Kirche wächst von innen
Seit 1972 nahm ich an zahlreichen Wochenkursen zur „Selbstfindung und Gemeinschaftsbefähigung mit Hilfe von gruppendynamischen und meditativen Praktiken" teil, die in späteren Jahren ihre Fortsetzung in der Ausbildung zum Exerzitienbegleiter fanden. Ich wurde gleichsam gestimmt, offen zu sein dem Anruf Gottes gegenüber und durfte erste Erfahrung der persönlichen Begegnung mit Jesus Christus machen. Ich erinnere mich, wie wir als Kursgruppe aus einer anhaltenden Schweigemeditation zu einer Bildbetrachtung „Schutzmantel-Christus" (R. P. Litzenburger) übergingen und ich erschüttert war von der Erfahrung „er hat für mich sein Blut vergossen".
Wir heirateten 1973. Angelika machte eine zweite Berufsausbildung als Familienpflegerin und darauf aufbauend als Praxisanleiterin für Familienpflege. Sie arbeitete beim Caritasverband. Ich erhielt 1977 meine erste Anstellung als Pastoralreferent, war zuständig für die Ausbildung und Begleitung von Pfarrgemeinderäten und Firmkatecheten in einem „Revier" von ca. 80 mal 80 km. Unsere ersten beiden Kinder wurden geboren: Dominik und Rita. Ich besuchte Kurse von verschiedenen neuen Geistlichen Bewegungen, wurde von ihnen reich beschenkt und möchte es nun selber weitergeben.
Im Cursillo wurde ich zur Begegnung mit Jesus Christus in der Eucharistie und in der Gemeinde-Erneuerung zu persönlicher Taufentscheidung geführt. In der Fokolarbewegung ahnte ich etwas von der Bedeutung des Gebets Jesu um Einheit und spürte das Ereignis der Einheit unter Geschwistern im Glauben. Bei Charismatikern rührten mich die Gabe des Betens in Sprachen und die Gaben der Prophetie und Heilung an. Angelika sorgte sich ob solch frommer Übungen und täglicher Gebetszeit sowie meiner wiederholten Einladung an sie zu gemeinsamem freien Beten. Sie fuhr mit zu einem Seminar, in dem es um die Auslegung von Paulusbriefen zu Ehe und Ehelosigkeit ging. Das war so theologisch trocken und zugleich charismatisch, dass sie danach

eng an meiner Seite blieb aus Sorge, ich könnte ihr spirituell entfliehen. Darum besuchte sie 1982 eine Woche „Einführung in die christliche Grunderfahrung" und 1983 einen Frauen-Cursillo. Danach hat Angelika mich verstanden und wir gingen gemeinsam den Weg. Ich hielt weiter meine Bildungsabende in den Pfarrgemeinden und wunderte mich, dass neuerdings die Leute mir viel aufmerksamer zuhörten: Ich referierte nicht über einen mir unbekannten Gott eine ihnen unbekannte Theologie, sondern ich erzählte aus meiner Beziehung zu Gott in einer ihnen verständlichen Sprache des Glaubens. Das hat – auch mich – überzeugt.

1980 erhielt ich in einem Gespräch ein Wort: „Der Brunnen in dir ist tief – deine Frau wird aus dir das Wasser schöpfen." 1988 wurden wir zum Quellenort „Heiligenbrunn" geführt. Später ging mir auf, dass der „Brunnen" mein persönliches Leitbild wurde. Hier wurde 1662 Sprachfähigkeit neu geschenkt. Heute empfangen hier Ehepaare Segen, neue Sprachfähigkeit und Kommunikationskultur.

Herausgefordert
1981 an dem Tag, an dem wir 100 Monate verheiratet waren, erhielt ich am Ende der Probezeit in einem neuen Arbeitsverhältnis die Kündigung. Alles in mir bäumte sich auf. Ich hatte einfach nur gute Arbeit in der Schulung von Laienmitarbeitern gemacht, die jedoch von manchen Berufskollegen als „zu fromm" kritisiert wurde. Die Annahme durch Angelika, als ich an diesem Abend mit der unerwarteten Kündigung heimkam, war überwältigend. Bis dahin war ich mehr mit meinem Terminkalender verheiratet gewesen als mit meiner Frau. Ich durfte in der neu gewonnenen Zeit „entdecken", dass ich bereits zwei Kinder, die sich nach ihrem Papa sehnten, hatte und durfte die Zeit mit ihnen und meiner Frau genießen. Ein Jahr dauerte die Arbeitslosigkeit; sie bot die Chance, Familie intensiv zu leben.

Ich wechselte in einen Dienst als Redakteur einer theologischen Zeitschrift, die sich um den geistlichen Aufbruch in den Kirchen des deutschen Sprachraums sorgte. Dadurch lernte ich weitere Bewegungen kennen, konnte mich freuen an dem vielfältigen geistlichen Aufbruch, den Gott seinen Kirchen schenkt. Unser drittes Kind, Benedikt, wurde geboren.

In einem vertiefenden Schritt gab ich im Dezember 1982 bei einem Gottesdienst während Exerzitien für pastorale Mitarbeiter mein Leben hin für den Dienst in der katholischen Kirche. „Herr, ich lasse nicht von deiner Kirche. Ich gebe mein Leben für die Verkündigung." Im folgenden Jahr erneuerte ich mit Angelika anlässlich des zehnjährigen Ehejubiläums unser Eheversprechen. Wir beteten damals u. a.: „Schenke uns in besonderer Weise das Charisma der Gastfreundschaft. Mache uns, wenn du es willst, zur Hilfe für andere Ehepaare und heile du durch uns Ehen."

Neuer Anruf
Am 31.7.1983 um 10.30 Uhr hatte ich bei einer Gebetszeit in meinem Arbeitszimmer die innere Erfahrung der Berufung ins Diakonat: „Es kommt nicht darauf an, ob du das spezifische pastorale Profil der kirchlichen Dienste verstehst, sondern dass ich, dein Herr, dich will." Diese innere Stimme bezog sich auf eine im Studium intensiv diskutierte Frage, die ich schon lange nicht mehr bewegt hatte. Etwa sechs Wochen später erfuhr ich, dass zeitgleich mein ehemaliger Pfarrer, mit dem ich als Jugendleiter viel Kontakt hatte, starb. Ich deute es, dass er sein Leben Gott zurückgab und mich in die Begegnung mit Gott mitgerissen hat. Nachdem Angelika ihre Zustimmung zu diesem Ruf gegeben hatte, sagte ich dem zuständigen bischöflichen Beauftragten für die Ausbildung von Diakonen meine Bereitschaft, und mein Bischof nahm mich als Kandidat an. Ich deute die schmerzliche Kündigung von 1981 als Voraussetzung für eine Offenheit gegenüber diesem Anruf zum Diakonat.

Seit 1984 trafen wir uns monatlich in einer Gruppe der Equipes Notre Dame. Daraus entstand ein Ehepaar-Hauskreis, in dem wir uns dreimal in der Woche (gemäß Apg 2,42) mit zwei anderen Ehepaaren, denen wir noch heute geschwisterlich verbunden sind, trafen. Im Januar 1985 wurden wir erschüttert und geprüft durch Geburt und Tod unseres vierten Kindes, Lioba. Danach nahmen wir teil an einem Marriage

Encounter-Wochenende und an einer Familienwoche mit dem Neuseeländer Pastor Don Kirkby.
So vorbereitet leiteten wir 1985 den ersten Familienexerzitienkurs im Katholischen Evangelisationszentrum Maihingen. Im August 1986 hatten wir nach inzwischen vier Familienexerzitienkursen innere Gewissheit über Familiendienst als unseren Auftrag. Vorerst zogen wir in den Schulferien als „Wanderprediger" durch deutsche und österreichische Diözesen und hielten gemeinsam mit zahlreichen Mitarbeiterinnen und Mitarbeitern Familienseminare. Ich errechnete den Bedarf. Wir besprachen ihn mit Leuten vom Fach und geistlichen Autoritäten und beteten um „ein Haus mit 110 Zimmern an einem Ort, an dem schon lange gebetet wird".
Am 5. 12. 1987 wurde ich durch Erzbischof Dr. Johannes Joachim Degenhard im Paderborner Dom zum Ständigen Diakon geweiht, kurz danach wurde unser fünftes Kind geboren: Birgitta.

Gott schreibt auf krummen Wegen gerade
Während eines Management-Kurses für pastorale Mitarbeiter erzählte ein Mitbruder beim abendlichen Bier vom leerstehenden Internat in seiner Pfarrei, einer „nicht loszuschlagenden Baulast". Ich erzählte von unserem „Traum". Vier Tage später erhielt ich grünes Licht aus dem zuständigen Bischöflichen Ordinariat: „Der Herr Bischof und der Herr Generalvikar würden sich freuen, wenn Sie sich mit ihrer Gemeinschaft in Heiligenbrunn ansiedeln würden." Erst Jahre später erfahren wir den menschlichen Grund: Wir waren die Alternative zu Asylanten, die die Bezirksregierung zwangsweise in das leerstehende Gebäude neben der Wallfahrtskirche einweisen wollte.
Am Abend dieses denkwürdigen Tages trafen sich wie seit Monaten geplant alle am Projekt „Familienlebensgemeinschaft für Familiendienst" Interessierte zu einem Planungswochenende in der Nähe eines leerstehenden Krankenhauses, das uns zuvor angeboten worden war.
Am 1. Mai 1988 fiel bei diesem Treffen die Entscheidung von vier Ehepaaren und drei Einzelpersonen aus fünf Bundesländern, in die Zeit der engeren Prüfung auf Heiligenbrunn hin einzusteigen. Am 25.6.1988

geschah so etwas wie die „Verlobung" der Startmannschaft während einer eucharistischen Anbetung in dem Klassenraum, der 1989 unser Wohnzimmer wurde. Ich kündigte meinen Arbeitsplatz, wir verkauften unser Haus und wir zogen auf eigene Rechnung und eigenes Risiko 530 km Richtung Süden, nach Niederbayern.

1989 wurden Satzung und Gemeinschaft durch die Diözese Regensburg anerkannt. Der erste Etat-Beschluss des neu gegründeten Vereines lautete: „Im Vertrauen auf die göttliche Vorsehung und im Wissen um die Unsicherheit der Etatansätze beschließen wir einstimmig den Jahresetat in Höhe von DM 192 000,–." Mit drei weiteren Familien und zwei Einzelpersonen zogen wir ins Familienzentrum ein. Zum 1.1.1990 wurde ich durch den Generalvikar als Diakon für das Familienzentrum und zur Aushilfe für die Ortspfarrei angestellt.

Der Osterkurs 1990 als erster Kurs in Heiligenbrunn war für uns als Ehepaar der zwanzigste Wochenkurs. Damit waren wir bis dahin in 10 Diözesen mit Familienkursen tätig. Die Einweihung als Geistliches Familienzentrum erfolgte am 1. Mai 1990 durch Diözesanbischof Manfred Müller. Am 10. 5. 1992 legten drei Ehepaare ihr erstes Versprechen auf die Gemeinschaft „Familien mit Christus" vor dem Regensburger Ordensreferenten Weihbischof Vinzenz Guggenberger ab. Durch eine Verleumdungskampagne gegen uns in Anzeigenblättern wurden wir in schmerzhafte Auseinandersetzungen hineingezogen. Wir wurden bewahrt und in den Folgejahren wuchs die Gemeinschaft beständig. Die Konflikte wurden durch Entscheidung des Generalvikars 1996 zum Vorteil unserer Gemeinschaft abgeschlossen. Im Jahr 2002 hat die Gemeinschaft über 40 Mitglieder mit über 80 Kindern, verstreut in zehn Diözesen zwischen Osnabrück, Freiburg und Budapest.

Im äußeren Ausbau und der Modernisierung des Hauses mit ca. 2.500 qm Wohnfläche wurden bis Ende 2001 € 438.355,– verbaut, einschließlich eines Baukostenzuschusses der Diözese als Starthilfe in Höhe von € 127.516,–. Dazu wurden zigtausend Stunden handwerkliche und hauswirtschaftliche Dienste ehrenamtlich von Ora et labora-Gästen (Bete und arbeite) eingebracht. Ohne Zuschüsse halten wir dank des hohen ehrenamtlichen Einsatzes vieler und dank des Spendenaufkommens den Tagessatz € 20,- für Vollpension für Erwachsene. Im Jahr 1999 hatten wir unsere bisherige Spitzenbelegung mit 5.800 Übernachtungen. Der Segen, der geflossen ist und fließt, ist nicht zu beziffern. Er erscheint uns umfangreich, kraftvoll, vielschichtig und heilend.

Die unterschiedlichen Ausbildungen und Temperamente in unserer Ehe ergänzen sich sehr gut in den vielfältigen Diensten, die eine solche Gemeinschaft und die Leitung des Familienzentrums erfordern.

Vertiefung
1993 besuchen wir während Exerzitien im Heiligen Land das Josefsgrab unter dem vermuteten Haus der Heiligen Familie in Nazaret und hören, dass an diesem Ort Ehepaare in „hartnäckigen, aussichtslosen Ehekrisen" Heilung durch Gott erfahren, wohl auf die Fürsprache des hl. Josef. Wir sind tief angerührt, denn unser Haus in Heiligenbrunn wurde bei seiner Gründung 1851 dem hl. Josef geweiht und steht an einem Marienwallfahrtsort. So heben wir als Gemeinschaft die „Gnade des Ortes", an dem wir miteinander Familien dienen!

Bei einem Besuch 1994 im Fokolare-Zentrum Loppiano lautete die Eröffnungsfrage: „Was geschieht, wenn in einem Ort alle Bewohner rund um die Uhr das Evangelium leben?" Von solchen Fragen in anderen geistlichen Bewegungen dürfen wir uns inspirieren und bestärken lassen.

Als innerer Auftrag steht in meinem eingangs erwähnten Sekretar: „Gott möge in der Tiefe meiner Seele und den Seelen meiner Frau und Kinder weitere Wohnungen in Besitz nehmen und mit Seinen Charismen ausstatten." Vor dem Dienst geht es zuerst um die eigene Familie. Dann darf ich beruflich im Geistlichen Zentrum vielen Familien die Berufung eröffnen und stärken, dass Ehepaare und Familien aus der Freude und der Kraft der Beziehung zu Jesus Christus ihr Leben und die Kirche neu gestalten.

Anmerkungen

1 Päpstlicher Rat für die Familie, Die Vorbereitung auf das Sakrament der Ehe, 13.5.1996. Bezugsadresse dieses Dokumentes aus der Reihe „Verlautbarungen des Apostolischen Stuhls", Nr. 127: Sekretariat der Deutschen Bischofskonferenz, Kaiserstr. 163, 53113 Bonn (Einzelbezug kostenlos). Die deutschen Bischöfe haben Überlegungen zur Trauungspastoral unter dem Titel „Auf dem Weg zum Sakrament der Ehe" am 28. 9. 2000 vorgelegt, Reihe „Die deutschen Bischöfe", Nr. 67, Bezug wie vorstehend.

2 Mögliche hohe Erwartungen werden gebremst, liest man den letzten Satz des Abschnittes über die Vorbereitung in Familiaris consortio, Nr. 66: „Obgleich die verpflichtende Notwendigkeit einer solchen unmittelbaren Ehevorbereitung nicht unterbewertet werden darf – und das würde sicher geschehen, wenn man allzuleicht davon befreien würde –, so muss doch diese Vorbereitung immer in solcher Weise empfohlen und durchgeführt werden, dass ihr eventuelles Fehlen kein Hindernis für die Trauung darstellt." Ein Gemeindepfarrer setzt sich mit der Kluft in der Sakramentenpraxis auseinander, der Kluft zwischen dem gottgefälligen Konzept eines Ehekatechumenates, von dem hier die Rede ist, und der Frage nach der Verbindlichkeit einer solchen Ehevorbereitung für die Zulassung zur Trauung: „Der nicht lösbare Konflikt. Einerseits will und muss die Kirche den Menschen klar machen, dass man ohne eine feste Bindung an Christus keine christliche Ehe führen kann, doch soll dies durch ein letztendlich unverbindliches Angebot möglich werden." Kurt Gartner, Lieber Bruder Bischof. Briefe eines Pfarrers zur Reform der Gemeindepastoral, Freiburg 1989, S. 168–186, hier S. 173.

3 SADE gibt es in Deutschland seit 1987 in der Diözese Fulda. Info: Pfarrer Heribert Sauerbier, Schlehenweg 11, D-37269 Eschwege.

4 Benediktionale, Segnungsbuch der katholischen Kirche, Freiburg 1981, S. 245ff.

5 Die Quelle dieses Textes konnte nicht ausfindig gemacht werden. Die Israelitische Kultusgemeinde in Graz erteilte uns jedoch die Abdruckgenehmigung.

6 Aus: Gottesdienst der Krönung (Trauung). Griechisch-deutsch. Hg. v. Anastasios Kallis, Theophano Verlag, Münster 2000, S. 31ff.

7 Liber Ordinum, Paris 1904; Übersetzung: August Jilek.

8 Synode der Lippischen Landeskirche (Hg.), Agende, 1971, S. 81.

9 A. a. O., S. 82.

10 Agende für Evangelisch-Lutherische Kirchen und Gemeinden Bd. III, Die Amtshandlungen, Teil 2 „Die Trauung", hg. von der Kirchenleitung der Vereinigten Evangelisch-Lutherischen Kirche Deutschlands. Neu bearbeitete Ausgabe 1988. Lutherisches Verlagshaus, Hannover ²1999.

11 A. a. O., S. 37.

12 A. a. O., S. 59.

13 A. a. O., S. 84.
14 Die Feier der Trauung in den Katholischen Bistümern des deutschen Sprachgebietes, Freiburg 1993, S. 71–73.
15 Im Jahr 2002 heirateten in der katholischen Kirche 64.383 Paare; in Deutschland gab es 419.505 Eheschließungen und 194.408 Ehescheidungen; von der Scheidung ihrer Eltern waren 148.190 minderjährige Kinder betroffen.
16 Siehe II. Vatikanisches Konzil, Pastoralkonstitution „Die Kirche in der Welt von heute". Gaudium et spes, 7. 12. 1965, Nr. 47ff.
17 Papst Johannes Paul II., Apostolisches Schreiben über die Aufgaben der christlichen Familie in der Welt von heute. Familiaris Consortio, 22. 11. 1981, Nr. 11.
18 Päpstlicher Rat für die Familie, Menschliche Sexualität: Wahrheit und Bedeutung, 8. 12. 1995, Nr. 4 und 28.
Bezugsadresse für beide letztgenannte Dokumente aus der Reihe „Verlautbarungen des Apostolischen Stuhls": Sekretariat der Deutschen Bischofskonferenz, Kaiserstr. 163, 53113 Bonn (Einzelbezug kostenlos).
19 Apostolisches Schreiben Papst Pauls VI. über die Evangelisierung in der Welt von heute, 8. 12. 1975, Nr. 46, in: Arbeitshilfen, herausgegeben vom Sekretariat der Deutschen Bischofskonferenz, Nr. 66 (Texte zu Katechese und Religionsunterricht, 1998). Dieses Apostolische Schreiben wird ausführlich aufgegriffen in: „Zeit zur Aussaat. Missionarisch Kirche sein", Wort der deutschen Bischöfe vom 26.11.2000, Die deutschen Bischöfe Nr. 68.
20 Literaturempfehlung: Francis MacNutt, Werdendes Leben sorgend und betend begleiten, Köln / Metzingen 1990.
21 Beispiel einer Segnung aus dem Benediktionale, dem Segnungsbuch der katholischen Kirche, Freiburg 1981, S. 241f. Zum Aufbau der Vollform einer Segnungsfeier gehören u. a. Schriftlesung, Psalm, Ansprache und Fürbitten.
22 Katholische Bischöfe formulierten als Einführung in das christliche Leben für das gemeinsame Gebetbuch: „Eine nur innerliche Frömmigkeit ist keine christliche Frömmigkeit; vielmehr muss der ganze Mensch beteiligt sein, wenn wir uns Gott zuwenden. Der Verlust leibhaften Ausdrucks oder der Verzicht darauf sind Gefährdung der Frömmigkeit. Manches wird uns innerlich gar nicht ganz zu eigen, wenn wir es nicht auch äußern" (Gotteslob, Stuttgart 1975, Nr. 41,2). Es geht dabei nicht um einen Glauben an diese oder jene Frömmigkeitsform oder Frömmigkeitsleistung, sondern um eine Beziehung zu Gott. Die Eltern übernehmen bei der Taufe die Pflicht, ihrem Kind „durch Vorleben des Glaubens die spätere persönliche Glaubensentscheidung möglich zu machen" (Nr. 44,2).
23 Denzinger-Schönmetzer, Enchiridion Symbolorum, Freiburg ^{36}1976, 1529.
24 Denzinger-Schönmetzer, Enchiridion Symbolorum, Freiburg ^{36}1976, 1525.
25 Vgl. Brief von Papst Johannes Paul II. an die Familien, 2.2.1994, Nr. 8 (Verlautbarungen des Apostolischen Stuhls, Nr. 112, hrsg. von der Deutschen Bischofskonferenz, Kaiserstr. 163, 53113 Bonn).

26 Familiaris Consortio, Apostolisches Schreiben über die Aufgaben der christlichen Familie in der Welt von heute, 22.11.1981, Nr. 17 (Verlautbarungen des Apostolischen Stuhls, Nr. 33, hrsg. von der Deutschen Bischofskonferenz, Kaiserstr. 163, 53113 Bonn).
27 W. Beinert, Lexikon der Dogmatik, Freiburg 1997, S. 239.
28 Katechismus der Katholischen Kirche, München 1993, 946.
29 Ebda. 948.
30 Ebda. 2013.
31 Vgl. Helmut Moll (Hg.), Zeugen für Christus. Das deutsche Martyrologium des 20. Jahrhunderts, Paderborn 1999 (über 1400 Seiten).
32 Vgl. II. Vatikanisches Konzil, Dogmatische Konstitution über die Kirche – Lumen Gentium, 1964, Art. 40.
33 Tertio Millennio Adveniente, Apostolisches Schreiben von Papst Johannes Paul II. vom 10.11.1994 zur Vorbereitung auf das Jubeljahr 2000, Nr. 37 (Verlautbarungen des Apostolischen Stuhls, Nr. 119, hrsg. von der Deutschen Bischofskonferenz, Kaiserstr. 163, 53113 Bonn).
34 Ebda.
35 Zitiert bei: Walter Nigg, Große Heilige, Zürich 1947, S. 401.
36 Lumen Gentium, Nr. 50.
37 Vgl. Katechismus der Katholischen Kirche, München 1993, Nr. 1730ff.
38 II. Vatikanisches Konzil, Dogmatische Konstitution über die Kirche – Lumen Gentium, 1964, Kap. 39.41.
39 Richard Strauß, Geheimnisse biblischer Ehen, Marburg ²1985; Katharina Elliger, Paare in der Bibel, München 1996; Arthur Domig u. a., Paarweise. Anregungen aus der Bibel für das Leben zu zweit, Marienheide ³1996.
40 Ferdinand Holböck, Heilige Eheleute. Verheiratete Selige und Heilige, Stein am Rhein 1994; Egino Weinert, Emailbilder-Kalender mit Wochenblättern: Heilige Familie 1995 / Heilige in der Ehe / Heilige Eheleute, Köln 1994; Helmut Moll, Gesucht: Heilige Ehepaare, in: Klerusblatt, München, 12/1993, S. 299.
41 Die Bekräftigung des Ehebundes, in: Heribert Mühlen, Kirche wächst von innen. Weg zu einer glaubensgeschichtlich neuen Gestalt der Kirche, Paderborn 1996, S. 263–266. Die dort auf den Seiten 349–354 und 406–408 dokumentierten Zeugnisse stammen von Ehepaaren, die bei Familien mit Christus mitarbeiteten bzw. mitarbeiten.
42 Vgl. Papst Paul VI., Ecclesiam suam. Die Wege der Kirche, 6.8.1964, Recklinghausen 1964, S. 42.
43 Dienste und Ämter, 1.1.1., in: Gemeinsame Synode der Bistümer der Bundesrepublik Deutschland. Offizielle Gesamtausgabe I, Freiburg 1976, S. 598.
44 Paul VI., Enzyklika Evangelii nuntiandi, 1975, Art. 15.
45 Kurze Beschreibung der Stufen des Bibelgesprächs im Gotteslob Nr. 970, 14 (Diözesananhang Regensburg). Ausführliche Arbeitshilfen u. a. bei: Missio. Internationales Katholisches Missionswerk, Goethestr. 43, 52064 Aachen.

46 Helga Poppe: Ich singe vor Freude, in: Herr, wir sind Brüder. Lieder der Kreuzbruderschaft, Präsenz-Verlag, 27.
47 Jesusbruderschaft Gnadenthal, Lieder-Mosaik, Hünfelden ^{6}1984.
48 Originalfassung des Gedichts Footprints © 1964 Margaret Fishback Powers, deutsche Fassung des Gedichts Spuren im Sand © 1996 Brunnen Verlag, Giessen.
49 Helga Poppe: Ich hab dich je und je geliebt, in: Herr, wir sind Brüder, s. o. Nr. 60.
50 Preist unsern Gott, Hubertus Tommek (Hg.), Nr. 91; Text: A. Sevison, deutsch: H.-J. Eckstein.

Quellenhinweise

Der Verlag dankt folgenden Verlagen und Institutionen für die Abdruckerlaubnis:
Brunnen Verlag, Giessen: Originalfassung des Gedichts „Footprints" © 1964 Margaret Fishback Powers, deutsche Fassung des Gedichts „Spuren im Sand" © 1996.
Hänssler Verlag, Holzgerlingen: „Gib mir Liebe ins Herz": Text: A. Sevison, deutsch: Hans-Joachim Eckstein. Originaltitel: Give me oil in my lamp.
Israelitische Kultusgemeinde, Graz: „Gepriesen bist du, Jahwe, unser Gott".
Lutherisches Verlagshaus, Hannover: „Gott, unser Vater, du willst ..."; „Gott erhalte euch die Gesundheit ..."; „Gott, unser Vater, Schöpfer der Welt ..."; „Allmächtiger, treuer Gott, ..." aus der Agende für Evangelisch-Lutherische Kirchen und Gemeinden Bd. III, Die Amtshandlungen, Teil 2 „Die Trauung", hg. von der Kirchenleitung der Vereinigten-Evangelisch-Lutherischen Kirche Deutschlands. Neu bearbeitete Ausgabe 1988, ^{2}1999.
Präsenz-Verlag, Gnadenthal: Liedtexte „Ich singe vor Freude" (Refrain) und „Ich hab dich je und je geliebt", Helga Poppe, Kreuzbruderschaft.
Theophano Verlag, Münster: Gottesdienst der Krönung (Trauung): Trauungssegen.
Die *Ständige Kommission für die Herausgabe der gemeinsamen liturgischen Bücher im deutschen Sprachgebiet*, Trier, erteilte für die aus „Die Feier der Trauung" (Trauungssegen Form I) und „Benediktionale" (Verlobungssegen und Segnung eines kranken Kindes) entnommenen Texte die Abdruckerlaubnis.
Ebenso gewährte uns die *Ständige Kommission für das Gotteslob* (EGB), Bonn, die Abdruckgenehmigung für die aus dem Gotteslob entnommenen Gebete: „Mein Herr und mein Gott, ..."; „Mein Vater ..."; „Nimm hin, oh Herr ..."; „Herr, mach mich zu einem Werkzeug deines Friedens ... ".
Die Texte ohne Autorenangabe stammen vom Autor des Buches.